歌舞伎座の快人《かいじん》

1984年の
團十郎、猿之助、仁左衛門、玉三郎、勘三郎

松島奈巳

淡交社

はじめに

時の首相は、中曽根康弘。

アメリカ大統領選挙ではロナルド・レーガンが再選をはたし、ソ連ではアンドロポフ書記長が急逝し、チェルネンコが後任に選出された。

グリコ・森永事件が起きたのも、この年。

１９８４年。昭和59年。

この年、筆者は生まれ故郷の静岡県下の実家をはなれ、筑波大学に入学した。

二十歳前後の集中力と熱中度は、たいしたものである。ありあまるほどの時間にも恵まれていた。それから大学を卒業するまで、熱心に歌舞伎を鑑賞した。以降も含めて、これほどまでに、ひとつのジャンルに没頭したことはない。

さらにには。

役者・演目とも、リアルに充実していた。次に掲げる表をご覧いただきたい。

ベテラン・壮年スター・中堅のバランスがとれ、脂の乗り切った役者がゴロゴロしていた。

それぞれ江戸荒事《あらごと》、江戸和事《わごと》、上方《かみがた》、踊りのスペシャリスト、ケレン（スペクタクル歌舞伎）と持ち味はバラエティ豊かで、同年代のライバルも見事に林立していた。

代	現名	生年	没年	1984年の年齢	当時の芸名	現年齢（2018年現在）
13	片岡仁左衛門	1903	1994	81		—
17	中村勘三郎	1909	1988	75		—
2	尾上松緑	1913	1989	71		—
7	尾上梅幸	1915	1995	69		—
17	市村羽左衛門	1916	2001	68		—
6	中村歌右衛門	1917	2001	67		—
7	中村芝翫	1928	2011	56		—
5	中村富十郎	1929	2011	55		—
4	坂田藤十郎	1931	—	53	扇雀	87
9	澤村宗十郎	1933	2001	51		—
2	市川猿翁	1939	—	45	猿之助	79
2	松本白鸚	1942	—	42	幸四郎	76
7	尾上菊五郎	1942	—	42		76
15	片岡仁左衛門	1944	—	40	孝夫	74
2	中村吉右衛門	1944	—	40		74
4	市川段四郎	1946	—	38		72
1	尾上辰之助	1946	1987	38		—
12	市川團十郎	1946	2013	38	海老蔵	—
5	坂東玉三郎	1950	—	34		68

代	現名	生年	没年	1984年の年齢	当時の芸名	現年齢（2018年現在）
18	中村勘三郎	1955	2012	29	勘九郎	—
10	坂東三津五郎	1956	2015	28	八十助	—
9	中村福助	1960	—	24	児太郎	58
8	中村芝翫	1965	—	19	橋之助	53
10	松本幸四郎	1973	—	11	染五郎	45
4	市川猿之助	1975	—	9	亀治郎	43
4	尾上松緑	1975	—	9	左近	43
5	尾上菊之助	1977	—	7	丑之助	41
11	市川海老蔵	1977	—	7	新之助	41
6	中村勘九郎	1981	—	3	勘太郎	37
2	中村七之助	1983	—	1		35

若手・子役の面々を見ていただきたい。

本リストに掲載されている役者限定だが、

	１９８４年	２０１８年
●七十歳超	３人	５人（猿翁と段四郎を除く）
●六十代	３人	１人
●五十代	４人	１人（福助を除く）
●四十代	５人	５人

世代間のバランスがじつによくとれていた。

本書の目的は、懐古趣味ではない。
執筆の理由は、下記の３つ。
（１）当代を理解するには、先代・先々代にさかのぼることが肝要
（２）人気役者を彩った種々のエピソードを、記録にとどめたい

（3）編年体でさかのぼると、意外なムーブメントが見えてくる

まずは（1）について。

役者のDNAは代々受け継がれて、当代にいたる。筆者自身、当代を理解するために、古参のファンから祖父や父のエピソードをうかがったことが大いに役立った。現役で活躍している役者の魅力を、ご先祖さまの方から照射しようという試みである。

この点は、ファン歴の浅い平成の歌舞伎ファンの参考になれば幸甚である。

続いて（2）。

ズバリ、松本白鸚と中村吉右衛門の兄弟は、仲が悪かったのか？

尾上梅幸は、なぜ七代目の尾上菊五郎を襲名しなかったのか？

ユング心理学者の河合隼雄は、かねがね「現実世界を生きていくうえで、人間は物語を必要とする」と力説していた。

生身のサラリーマンが、平坦ではない毎日をやり過ごすのには忍耐とストレス発散が必要だ。だからちょっと上司に口ごたえしただけにもかかわらず、妻を相手に「今日、オレは上司を怒鳴りつけてやったよ」。30センチほどの鯛をのがした太公望（釣り愛好者）なら、「リールが折

れるかとヒヤヒヤしたよ。目の下、三尺。いや六尺の鯛だったね」。六尺（１８０センチ）なんて、マグロじゃないんだから。

生身の役者とて同じこと。それなりの物語が無意識に生み出され、ファンを経由する間に増幅される。１９８０年代半ばの歌舞伎界には、種々の噂話がファンによってささやかれていた。この手のエピソードは公式記録には残っておらず、埋もれさすにはもったいない。よって記録にとどめる。

最後に（３）。

演劇ライターの伊達なつめが、『かぶき手帖　２０１７年版』に、「歌舞伎の新世紀」と題して１９８８年（昭和63年）から２０１６年までの歌舞伎史をコンパクトに回顧している。非常に面白かった。

観客として点で見ていた公演が、ある意図なり意思をもった線として浮かびあがる。

三十有余年も前の記憶をたどっていくうちに、１９８４年からの４年間は、ある転換期になったと思えるようになった。いつの世も「今こそ転換期」と表現されるから、強い郷愁がそう思わせる部分もあるだろう。

だが「やはり、そうじゃないか」という思いもあり、ではどう転換したのかについては二十一章以降で総括する。

タイトルについて。

本書は、1984年から1988年にかけて、特定の公演と役者をピックアップして編年体で綴った回想録である。当初は『「歌舞伎　黄金時代」回想録』というタイトルを予定していた。だが昭和最後期の舞台を回想するにつれて、予定調和的なタイトルでは、百花繚乱でハッチャケていた当時とマッチしていないと考えを改めた。

「快人」は、造語である。当時の歌舞伎界には「快《こころよ》い役者」がひしめいていた。けっして品行方正という意味ではない。家や門閥、名前の格にとらわれず、歌舞伎のしきたりを超えようとした中堅若手が切磋琢磨していた。そんな歌舞伎役者を「快人」と称してみることにした。ネーミングの由来はもうひとつあり、最終章で詳述する。

目次

1988年

※氏名については、敬称を略させていただきました
※年齢については、各章の年における満年齢としました
※役名の記述は、『歌舞伎登場人物事典』(白水社・2006年)を参照しました

1984年

第一章 初体験は三代目市川猿之助

『極付獨道中五十三驛《きわめつきひとりたびごじゅうさんつぎ》』
1984年7月・歌舞伎座

江藤淳でさえ無縁

俯瞰《ふかん》して、当時の演劇シーンを振り返ってみたい。

野田秀樹が『野獣降臨《のけものきたりて》』で、岸田《きしだ》國士《くにお》戯曲賞を受賞したのは、1983年。同じ年に、劇団四季はミュージカル『キャッツ』のロングラン公演を敢行している。演出家の蜷川幸雄《にながわゆきお》は、平幹二郎主演『王女メディア』のローマ&アテネ公演を成功させ、

丹波与八郎
（3代目市川猿之助）

「世界のニナガワ」の足掛かりをつかんだ。つかこうへい原作の映画『蒲田行進曲』は、1983年の日本アカデミー賞作品賞に輝いた。

新しい文化が、芽吹き始めていた。

作家・評論家の小谷野敦『猿之助三代』（幻冬舎新書・2011年）に、なるほどと感心した記述があった。


保守派批評家の江藤淳でさえ、歌舞伎とは無縁だった。歌舞伎はその当時（1970年代）、知的階層からはほとんど無視されていたのである。

（1974年）十二月三十一日、猿翁（二代目）とヨーロッパへ渡った田中良が九十歳で死去した。一九七五年は、一月に坂東三津五郎（八代目）がフグ中毒で死去して話題をまいたが、世間はそういうことで初めて歌舞伎というものがあったことを思い出すのだった。（※カッコ内は、筆者注）


1970年代において、歌舞伎は一部好事家だけの趣味であった。

時代も10年下ると、もう少し世間の認知度は上がってきた。特に若い世代において抜群の認知度・人気度を誇ったのが、三代目市川猿之助（二代目市川猿翁・1939〜）である。毎年

7月は「猿之助月間」と呼びならわされ、大作が上演された。この月だけは、観客の平均年齢は10歳ほど若返っていた。エビデンスはないが。

「東海道中膝栗毛」のパロディだが

初観劇は、散々だった。

手はずを整えてくれたのは、東京都杉並区に下宿している大学生の長兄だった。のちの伴侶が早稲田大学の大学院で歌舞伎を専攻していた縁で、親しんでいた。そこで大学が夏休みに入った7月に「連れて行ってやる」と誘われ、チケットから幕間《まくあい》の弁当まで用意してくれた。ちなみに次兄、すなわち2番目の兄は経済学部で、文芸方面の関心は人並みだったが、歌舞伎だけは長兄とは別ルートで親しみ、みっちり観劇していた。

初観劇となったのは、四世鶴屋南北『極付獨道中五十三驛』【きわめつきひとりたびごじゅうさんつぎ】。弥次さん喜多さんでおなじみの十返舎一九《じっぺんしゃいっく》・作『東海道中膝栗毛』をベースに、猿之助が早替わりや宙乗りを繰り広げるスペクタクル劇である。

読売新聞の演劇評から引く。

猿之助が見せる善悪十八役の早替わり、大道具の大仕掛けのほか、いくつもの歌舞伎名狂言を組み入れて構成されたこの舞台の面白さはまた別格で、テレビ慣れしたこどもたちでもきっと興味を持つことだろう。（中略）猿之助が海中のクジラ、大ダコ、大ザメと闘い、化け猫の空中飛行を見せ、本水を勢いよく使った大滝に打たれながら殺陣（たて）を演じ、「小田原」からはくるくる十二役を変えて、「日本橋」で敵討ちの本懐をとげるまで見事にあきさせない。

（「読売新聞」1984年7月4日・夕刊）

およそ5時間、食い入るように舞台を見据えたが。

「なんじゃ、こりゃ？」

さっぱり理解できなかった。

それもそのはず。

物語の妙で魅せる芝居ではなかった。トリックプレイや派手な演出で、パッと目をひくことを眼目としたスペクタルであった。

初演は、1827年。3年前の1981年に猿之助が154年ぶりに復活させたが、一世紀半余り再演されなかったということは、面白い芝居ではなかったという証左だ。

とはいえ、初観劇にして「自分には、歌舞伎を見る素質がないのだろうか」と焦った。当時にタイムスリップしたら、「ベートーヴェンやモーツァルトにも、いまひとつの楽曲はある。気にするな」と耳打ちしてあげたい。

父は慶応、息子は東大

歌舞伎にハマっている2人の兄のうち、猿之助贔屓は次兄の方だった。『猿之助の歌舞伎講座』（新潮社・1984年）を本棚の一等席に飾っていた。

次兄のレクチャーを受けて理解したのは。

●猿之助という名跡は、ビッグネームではない
●三代目猿之助は、父親を早くに亡くし、後ろ盾がなく苦労した
●先代・先々代は市川團十郎の門下だったが、随分とイジワルをされた
●猿之助自身も東京の劇場では役がつかず
●やむなく自主公演をスタートさせた
●慶応義塾大学文学部国文科卒
●歌舞伎役者の中では抜群にアタマがいい

この時点では知る由もなかったが、筆者と同じ1965年生まれで同じ共通一次試験（大学センター試験の前身）を受けた東京の私立暁星高校出身のカガワ君は、東京大学文科Ⅲ類に合格している。三代目猿之助の長男・香川照之である。

とまれ筆者の胸に刻まれたのは、「市川團十郎。どうやらこいつが悪いヤツらしい」。名前は知っていた。歌舞伎界で最高峰のビッグネームであることも。

次章では、1984年の9月公演について触れる。7月に初観劇をはたし、続く8月も観劇したかったが、ひと月あいたのには理由があった。

第二章

團十郎はワルいやつ?

『伊勢音頭恋寝刃《いせおんどこいのねたば》』

1984年9月・歌舞伎座

「人生のワンツーパンチ」の翌月に

初観劇した7月の翌月。ＳＫＤ（松竹歌劇団）に続いて、１９８４年8月の歌舞伎座は下記の公演に沸いた。

◉昼の部『涙を抱いた渡り鳥』
◉夜の部『浪花節だよ人生は』

福岡貢
（10代目市川海老蔵）

なんともノスタルジック&エキサイティングなタイトルだ。歌舞伎じゃないこと、一目瞭然。「渡り鳥」からは、小林旭が。「浪花節」からは、細川たかしが連想される。

はてさて、この昼夜公演の座頭は誰かといえば。

我らがチータ、水前寺清子。

1984年8月の歌舞伎座では、「人生のワンツーパンチ」を繰り出しながらチータが花道を練り歩いていたのである。

歌舞伎の殿堂でさえ、通年公演（1月から12月まで歌舞伎をかけ続けること）が実現したのは平成になってから。もっとも有名なのは、三波春夫座長公演だ。

翌9月。「ザッツ・歌舞伎」ともいえる演目&役者を体験する。

近松徳三ほか作『伊勢音頭恋寝刃』。【いせおんどこいのねたば】という。

舞台は、観光客でごったがえす伊勢。主人公の福岡貢と遊女のお紺は相思相愛の間柄。だが家宝の刀と折紙（鑑定書）を詮議するうち、貢をおもんぱかるお紺の愛想尽かしがあり、ちょっとした行き違いが大惨劇を招く。

こんな配役だった。

福岡貢　　＝十代目市川海老蔵（十二代目市川團十郎）
料理人喜助＝初代尾上辰之助
今田万次郎＝八代目坂東彦三郎
仲居万野　＝五代目中村富十郎
油屋お紺　＝五代目坂東玉三郎
油屋お鹿　＝六代目澤村田之助
奴林平　　＝五代目片岡我當

五代目片岡我當は、上方歌舞伎の大名跡・片岡仁左衛門の長男。当時の片岡孝夫の長兄にあたる。六代目澤村田之助は、以前は横綱審議委員をつとめていた女形の重鎮。坂東彦三郎は1943年生まれ。2017年5月に、実子が九代目を襲名した。得がたいベテラン脇役である。

他の3人については後の章で詳述し、ここではひとりの役者を追う。

主役の福岡貢に扮した十代目・市川海老蔵。押しも押されぬ大名跡・市川團十郎の長男にして、初心者の筆者に「ワルいやつ」とインプットされちゃった統領である。

小朝の落語で予備知識あり

十代目市川海老蔵については、予備知識があった。

春風亭小朝の落語で、である。中学生時代に聴きこんだテープ録音の記憶だけをたよりに再現する。

落語『紙屑屋《かみくずや》』。

実家を勘当された若旦那が、現在でいう古紙回収業にいそしむ滑稽噺で、「白紙は白紙、カラスはカラス。線香紙は線香紙。陳皮は陳皮。毛は毛」と合いの手を入れながら紙くずをより分けるうちに、古本を見つける。

　おや、『歌舞伎名せりふ集』。

泣きたくなるね。あたしの好きなものばかり、出てくるね。

『鳴神《なるかみ》』。これは海老蔵。あたしゃ海老蔵、大好きなんだな。あの口跡の悪さが、タマんないね。

「あ、こによ、やわらかにゃる　もにょわ（あ！　この柔らかなるものは？）」

場内爆笑が巻き起こった。

筆者も笑った。

海老蔵の台詞を聞いたことがないにもかかわらず、にである。

『ディア・ハンター』のニックに

口跡が悪い。

十代目市川海老蔵は、こんなレッテルを貼られ続けた。

実際、悪い。初心者の筆者も、初海老蔵にして痛感した。幼いころに患《わずら》った扁桃腺《へんとうせん》が影響していると解説する古参のファンもいた。真偽のほどは確かめようもないが、努力や稽古で改善するというレベルではなかった。

しかし歳月を経るにつれて、「口跡が悪い」という評はまったく現れなくなる。亡くなった折には、「昭和・平成の劇聖」とも言いたいが如き解説が、おもにワイドショー番組で見聞された。この点については、二十三章で総括したい。

口跡が悪い。

器用じゃない。

動きがぎこちない。

でも。器がおっきかった。

御年、38歳。貫禄がつけば、という将来性がバツグンだった。なにより見目麗《みめうるわ》しい。おっとり&坊ちゃん然としているところも、ギラギラしている猿之助一座とは一線を画していた。だからこそ狂気を演じると、ゾッとする。

意外だが、ハリウッドの銀幕スターでいえばクリストファー・ウォーケン。俳優としての資質はまったく異なるが、何を考えているのかわからない。端正で、表情に乏しいからこそ、映画『ディア・ハンター』にてロシアン・ルーレットで命を散らすニック役にはビビらされた。

『伊勢音頭恋寝刃』でも、同様。

白塗りの容貌で、仲居の万野を日本刀で切り刻む（キャー）。返り血をあびて、白と紅のコンストラストが映える（ヒャー）。通りでは、伊勢音頭を奏でるお祭り野郎が練り歩く（ゾー）。

伝統の総本山 VS 革命児

「宗家」という用語について。

海老蔵が次に継ぐ名跡が、團十郎。これら血族は、「市川宗家《そうけ》」と呼ばれる。「宗家」とは、いわば「本家・本流・元祖・ホンモノ」。総本山であり、当代はゴッド・ファーザーだ。團十郎はもっとも古い名跡であり、それぞれの代に、優れた門弟（弟子）を擁していた。猿之助一族は、市川宗家の門弟である。その足跡は先に掲げた小谷野敦『猿之助三代』に詳しく、ご参照あれ。

本章で押さえておくポイントは、

●猿之助一族は、市川宗家から冷遇されてきた
●三代目猿之助も、不遇の時期を過ごしていた
●十二代目市川團十郎は、古い歌舞伎の象徴に映った

単純明快なレッテル貼りを経て、初心者はますます猿之助に感情移入した。本名が「喜熨斗《きのし》」だったため、国産サーカスの草分け「木下大サーカス《きのした》」をもじって、「キノシ大サーカス」と揶揄《やゆ》されもした。

本章の最後に、新聞評を掲げる。正反対な評価が下されている。

昼の切りが海老蔵の福岡貢で「伊勢音頭」。彼はこの五月悪声を露呈してしまったが、

今月は抑制を取り戻し、團十郎を襲名する来春への希望をよみがえらせた。姿もよいが、口調は伊勢という土地より関東に近い。研究課題だろう。

（「朝日新聞」１９８４年９月17日付・夕刊）

「伊勢音頭」。「追っかけ」から「奥庭」まで。海老蔵の貢は柄は申し分ないが、台詞と演技の運びに難がある。（中略）刀のすり替えの場面をはじめ、演出にも二、三疑問がある。

（「毎日新聞」１９８４年９月８日付・夕刊）

こうして大学1年生の筆者にとって、運命の１９８４年10月公演を迎える。

第三章

プリンセスとタッグを組んだ尾上菊五郎

『玉藻前雲居晴衣《たまものまえくもいのはれぎぬ》』
1984年10月・歌舞伎座

江戸時代にはケレンの代表選手

1984年の10月公演は、本章と次章にわけて詳述する。

読売新聞（1984年9月18日付・夕刊）には、「宙乗り合戦」と大きな見出しを掲げて、10月の歌舞伎座公演が紹介されている。

写真も掲載されており、白いジャケットをダンディに着こなす七代目尾上菊五郎の傍ら

水野十郎左衛門
（7代目尾上菊五郎）

で、キツネのポーズをとりながらニッコリ微笑む美女ひとり。若き日の二代目引田天功（年齢不詳）である。

十月の歌舞伎座で昼夜に上演される鶴屋南北の二つの芝居で、菊五郎と猿之助が〝宙乗り〟合戦――。元祖猿之助に対して初体験の菊五郎と演出の武智鉄二氏はマジシャンの引田天功の知恵を借り、道具の仕掛けその他、あの手この手の新構想を練っている。

まずは七代目尾上菊五郎について記そう。

「菊五郎」といえば、歌舞伎に詳しくない向きにも「團十郎」と並んでおなじみの名跡だろう。だから「江戸歌舞伎の象徴」＝「正統派中の正統派」と思われるだろうが、もともとはケレンで名を馳せていた。

文政8年（1825年）に初演された『東海道四谷怪談』で三代目菊五郎は、お岩さま＆佐藤与茂七（お岩さまの妹の亭主）＆小仏小平（与茂七の同輩の下男）の3役をつとめている。早替わり・加役《かやく》（一人で複数の役を兼ねること）・本水《ほんみず》（本物の水を用いた演出）など観客が喜びそうなケレンを得意としていた。まるで三代目猿之助のような存在だった。筆者の初観劇となった『極付獨道中五十三驛』も、三代目が初演した。

優が2つに良が1つだが

七代目菊五郎は、正統派の道を歩んだ。声はいい。台詞がよく通る。踊りはズバ抜けているわけではないが、安定している。とにかく美男である。声・姿・踊りの3要素のうち、優が2つに良が1つ。ケレンに走る理由もなく、花形役者の道を歩んだ。そして『青砥稿花紅彩画《あおとぞうしはなのにしきえ》』（弁天小僧菊之助）や『京鹿子娘道成寺《きょうがのこむすめどうじょうじ》』といったクラシックな演目で、当然のように人気を博した。

七代目尾上梅幸の長男。夫人は、女優の富司純子。第一子となる長女（女優の寺島しのぶ）はすでに12歳に成長し、跡取の長男（現・尾上菊之助）も7歳。

本章までに登場してきた役者の年齢を並べてみると、

三代目市川猿之助　45歳
七代目尾上菊五郎　42歳
十二代目市川團十郎　38歳

四十代といえば、経験も積み、容姿も優れ、身体のムリもきく時期。花なら盛りにあたる。

では1980年代半ばの菊五郎のポジションは、どうだったのか？

芸域も広い。二枚目だから人気は高い。

だが強烈なパンチがない。

一発で観客をノックアウトさせる必殺技が。

後の章で説明するが、容姿においては2歳下にスゴい立役が控えていた。こちらは口跡と姿が抜群にいい。世話物という江戸庶民を主人公にした演目では、ひと廻り年下に独特の芝居勘をもった若手が台頭していた。女形では、8歳下に天才が現れた。

そこで新境地を拓くべく、ご先祖様（血はつながっていないが）の精神に立ち返り、初めての宙乗りに挑んだ。

かつての同志が敵陣に

四世鶴屋南北・作『玉藻前雲居晴衣』【たまものまえくもいのはれぎぬ】と称す。

菊五郎が初の宙乗りに挑む。この新機軸にファンは、「おお！」と歓声をあげた。古株の歌舞伎通は、「ほっほ〜」と微妙な嗚咽を漏らした。

旧《ふる》きを知る通は、演出家に驚いたのである。

武智鉄二氏（1912〜1988）。京都帝国大学で経済学を修めたインテリであり、映画・演劇・評論の分野で異彩をはなった。

世に名を知らしめたのは、二度にわたって製作された映画『白日夢』だ。初作となる1964年版では、映倫（ワイセツ描写や暴力シーンを自主規制する審査機関）からカットを要求される。50歳超の読者にとって思い出ぶかいのは2作目（1981年）の方で、佐藤慶と愛染恭子との「本番」はいたいけな高校生たちを刺激した。

そんな異端児が江戸歌舞伎の象徴である菊五郎の演出を担当したというだけではなく、武智氏は三代目猿之助とは浅からぬ因縁があった。

もともと関西を拠点に「武智歌舞伎」と称して新しい歌舞伎を上演しており、父を亡くした三代目猿之助も武智鉄二と活動をともにしていた。猿之助が手掛けた復活狂言（江戸時代に初演されたきりの演目の再演）では、武智が補綴を担当している。27歳も離れており、かつての同志である師匠が「宙乗り合戦」で相手方の参謀としてついたわけである。

再び読売新聞から、武智氏のコメントを引用する。

「菊五郎さんにとって、いうならばお家芸の復活ですよ」

「やるからには猿之助のアイデアに負けたくない」

「若い天功さんはさすがに違いますね。頭が切れて対応が早い」

ライバル心ありありなのが、見てとれる。

宙乗りだけではない。雲を表現するためにドライアイスだけでは飽き足らず、炭酸ガスを菊五郎の下から噴射させることや、歌舞伎公演で初となるレーザー光線も登場することが記事中で触れられ、否が応にも「10月昼の部の菊五郎は、サービス精神満点でいきまっせ」という意気込みが伝わってくる。

原作を刈り込みすぎた

菊五郎&武智&引田天功がタッグを組んだ連合軍の成果は？

「うーん」であった。

ストーリーを紹介すると、いかにも面白そうに聞こえる。主人公は、金毛九尾のキツネ。インドや天竺を経て日本に渡来し玉藻前《たまものまえ》という絶世の美女に化け、時の帝をたぶらかすというのが大筋だ。

だが南北の作品の中でも、面白い方とはいえない。さらに主要な役どころを40歳超の役者が演じているので、ダイナミズムが感じられない。また昼の部は2本立だったため、原作のほとんどを刈り込まなくてはならず、単調な展開に終始してしまった。

宙乗りはともかく、レーザー光線の方はなんだかよくわからなかった。

毎日新聞（1984年10月13日付・夕刊）の演劇評では、

時代物のなかに突如世話物の世界がとびこんでくる場面など、南北らしさを出来るだけ残そうとした苦心の脚本だが、構成にもう少し工夫が欲しかった。演出は妖狐の出現にレーザー光線や奇術の技法を使い新味を狙うがこちらも中途半端。しかし、新しい分野に挑んだ菊五郎の意欲は買える。


執筆は、毎日新聞の編集委員もつとめた水落潔だ。

歌舞伎をはじめ伝統芸能に関する言説はホンモノ。幼いころから歌舞音曲に親しみ、早稲田大学の演劇科に学んだだけに、下地が違う。大阪の国立文楽劇場の理事もつとめた山田庄一は、実兄にあたる。

男気にもらい泣き

印象に残ったのは、2本立のもう1本『極付幡随長兵衛』【きわめつきばんずいちょうべえ】の方だった。

華のお江戸で、旗本と町人のいさかいが絶えない。町人のリーダー格はみすみす討たれるとわかりつつ、招きを受けた旗本邸に赴《おもむ》く。後ろ姿を涙で見送るのは妻と子、という男気系の代表作だ。

泣けた。

菊五郎が扮したのは、旗本・水野十郎左衛門。敵役なのだが、旗本だけあって気品を漂わせる。乱暴者に謀殺されるのでは、ドラマにならない。あくまでも知慮に富むクールな独裁者に殺されるから、悲劇と自己犠牲は完結する。

この点、菊五郎の「ボクはなんでも持ってるぞ」という上から目線がぴったりだった。丸腰を狙うため、長兵衛は風呂場で無残にも打たれる。自分で命令しておいて「殺すには惜しい男だ」。なに言ってんだよと突っ込みたくなるが、これを男伊達に昇華させたのには、菊五郎という役者の育ちの良さと立役の色気があったからだろう。

最後に、先にあげた3人の役者の趣味を記す。『演劇界増刊　歌舞伎俳優名鑑』(演劇出版社・1985年)からで、

三代目市川猿之助　読書・食事(うまいもの)
七代目尾上菊五郎　ゴルフ
十二代目市川團十郎　スポーツ

読書。さすが慶応義塾大学文学部国文科である。

ゴルフ。おハイソさがこの3文字から伝わってくるよう。ちなみに実父の七代目尾上梅幸も、「ゴルフ」と記してある。おハイソ一家なのである。

よくわからないのが、團十郎の「スポーツ」だ。

見るのか、やるのか。野球かサッカーか、陸上か水泳か。細かいことにはこだわらない性格が見てとれる。

第四章 猿之助一座のゴッドマザー 澤村宗十郎

『菊宴月白浪《きくのえんつきのしらなみ》』
1984年10月・歌舞伎座

恣意的なドンデン返し

つくばエクスプレスが開通してからは、十分すぎるほどの通勤圏内になったものの、昭和の時代は筑波から東京に出かけるのはひと苦労だった。

まず下宿から最寄りのバス停まで歩き、ＪＲ常磐線の荒川沖駅に出る。所用時間40分。大学キャンパスでは「荒川沖駅行きバス、ガ

金笄おかる
(9代目澤村宗十郎)

ス爆発」という早口ことばが流行っていた。
荒川沖駅から、上野駅まではおよそ1時間。
学生の身では地下鉄の初乗りも節約したい。山手線内は乗り降り自由という1日乗車券があったから、上野駅からはJR山手線で有楽町駅まで。晴海通り沿いに南下して歌舞伎座に到着するまで、3時間かかった。

1984年10月歌舞伎座公演の夜の部は、鶴屋南北・作『菊宴月白浪』。【きくのえんつきのしらなみ】と読む。

南北は『仮名手本忠臣蔵』を題材にしたパロディや後日談を、計4作残している。いずれも台本としての完成度は高い。つまり面白い。

ストーリーをご紹介するには「忠臣蔵」の理解が不可欠なので、まずは忠臣蔵から。

斧親子という登場人物がいる。「斧」という苗字で、父親は、斧九郎兵衛（「忠臣蔵」では九太夫）。息子は、斧定九郎という。

父は、殿様があわれ切腹の憂き目にあった塩冶家（浅野家がモデル）の家老。株式会社でいえば常務取締役なのだが、コイツが悪い奴で、亡き主君への忠義などサラサラないのに、城明け渡しの評定では「抵抗してやろうじゃないか、お前たち」なんてアジってみせる。

結局、分け前の小判（退職金ですね）をもらってウキウキ顔で城をあとにするのだが、その後は仇である高師直《こうのもろのう》（吉良上野介）に取り入り、筆頭家老（専務取締役）である大星由良助（大石内蔵助）をスパイする。

挙句のはてに、床下にもぐりこんで討ち入りの密書を盗み見ようとするが、大星に見とがめられ、切り刻まれて、昇天。

その息子が、定九郎。いまでは白塗りでゾッとするほどの儲け役にランクアップされたが、通行人から金を奪うその日暮らしを送っている。

『菊宴月白浪』は、この斧定九郎が主人公だ。

歌舞伎に限らず、「実は」というドンデン返しは演劇・小説の常套手段であるが、南北はかなり恣意的にドンデンを返し、かつこのドンデン返しがドラマ全体を覆うテーマにまで昇華されている。

本作『菊宴月白浪』では、「斧九郎兵衛は、実は忠臣だった」というのがミソ。大星由良助が討ち入りに失敗した折に突撃する後方隊だったという設定だ。結局、討ち入りは成功。後方隊だったという事実は知られることなく、「不忠者」というレッテルを貼られてしまう。

父から驚愕の事実を知らされた斧定九郎は、浅野家再興をはたそうと（ここまでは、いい）、盗賊になる（これはビミョー）。さらには女にバケて、遊郭に身をやつす、って意味不明な展開になる。

宙乗りの猿之助があわや！

ガーンとやられた。
ホントのホントに面白かった。
作家・評論家の小谷野敦も、同様の感想を抱いた。

私にとって忘れられないのは、一九八四年、大学三年の十月に歌舞伎座で観た「菊宴月白浪」である。四代目鶴屋南北の、荒唐無稽な歌舞伎狂言で、猿之助は、男の泥棒でありながら、花魁に化けて吉原にいる。ただ女に化けるだけなら分かるが、花魁に化けていたらばれてしまうではないか。しかし正体を見破られた猿之助は、凧に乗って宙へ舞い上がる。

宙乗りには仕掛けあり。

この時は二つロープで、下手から宙乗りで去って行って、上手へ現れる。だが捕り手に矢を射かけられた猿之助は、凧から落ちそうになる。一瞬、ワイヤが外れたのかと錯覚する見事な仕掛けで、猿之助は凧から落ちつつも、身体はしっかりワイヤに繋がれているという二重の仕掛けである。（中略）
もしあのころ、猿之助のこういった歌舞伎がなかったら、私は歌舞伎を観続けたろうか、と思われるほどに、猿之助歌舞伎は、刺激的だった。

（前掲『猿之助三代』）

本作『菊宴月白浪』で、猿之助はこれまで一貫していた方針を捨てた。

最近の猿之助は演出にもこっていて、これまでの舞台だと、彼は何役早替わりというのが一つの売り物だった。が、この芝居では面白い人物がわんさと居るにもかかわらず、彼は定九郎の役だけ。それについて——
「芝居の面白さを出してみたいんです。この作品は『四谷怪談』の先行作品なんですが、構成がじつによく出来ている。私の一座もだんだん力をつけて来ているし、チームワークの良さもお見せしたい。そんなわけで早替わり出来ないことはないけれど、演出のかくし味をどうか十分に……」と自信ありげだ。

（朝日新聞　1984年9月26日・夕刊）

アニキ、校長、教頭に、ブッチャーまで

昼の部の『玉藻前雲居晴衣』は、オールスター級の配役で固められた。

夜の部『菊宴月白浪』は、座頭である猿之助自身が「だんだん力をつけて来ている」という発展途上段階。当時の猿之助一座の面々を見てみよう。

敵役やアニキ役をつとめていたのが、四代目市川段四郎（1946〜）。三代目猿之助の実弟で、同じ慶応義塾大学文学部国文科卒。現在の四代目猿之助の父である。公称166センチとは思えないほど、舞台で大きく見えた。

猿之助・段四郎ブラザーズを支えたのは、2人のベテラン。

十七代目市村羽左衛門（1916〜2001）は、校長先生格。威厳のある顔立ちとカッチリとした芸風で、舞台をシメた。3人の跡取りに恵まれ、長男は八代目坂東彦三郎（現・初代楽善、1943〜）、次男は二代目市村萬次郎（1949〜）、三男は四代目河原崎権十郎（1954〜）として舞台をつとめている。

七代目市川門之助（1928〜1990）は教頭先生。柔和で曲線的な立役で、『義経千本桜』では義経役をつとめた。当代の八代目門之助（1959〜）は、長男が継いでいる。

激しい立ち回りを繰り広げる猿之助歌舞伎だから、二十代三十代の若手が必要となる。同年代には名跡や御曹司がひしめいているため、超有名作がラインナップされる大歌舞伎では、そ

れなりの役がつかない中堅や若手が抜擢された。

五代目中村歌六（1950〜）は、若手のリーダー格。34歳にして『菊宴月白浪』では与五郎という小悪党に抜擢された。当時の朝日新聞（1984年10月12日・夕刊）では「期待にこたえた歌六」という見出しで奮闘ぶりを伝えている。

歌六の弟にあたる三代目中村歌昇は、現・三代目中村又五郎（1956〜）。現・歌昇（1989〜）と種之助（1993〜）の実父である。愛称は、ブッチャー。ジャイアント馬場と名勝負を繰り広げたアブドーラ・ザ・ブッチャーではなく、親しい舞踊家の幼子が、通称の「みっちゃん」を「ぶっちゃー」と呼んだことに由来する。

六代目中村東蔵（1938〜）は六代目中村歌右衛門の芸養子であるが、その血脈はなんと華麗なことか。実父は、日本医科大学の理事長。舞踊家・藤間紫の弟でもあり、藤間紫は浜木綿子と離婚した三代目猿之助と婚姻している。つまり猿之助は義兄にあたる。長男は、当代の六代目中村松江（1966〜）。さらに、従姉には漫才コンビ「あした順子ひろし」のあした順子がいる。

江戸時代がそこにある

女形としては、当時・児太郎の九代目中村福助（1960〜）がヒロイン級であり、後の章で詳しく記す。本章では、江戸和事の第一人者をクローズアップしてみたい。

九代目澤村宗十郎（１９３３〜２００１）。

猿之助よりも6歳年長。のっぺりとした面立ちで、体型もずんぐりしている。だが他のどんな役者にもない雰囲気があった。

評論家・如月青子の評（１９８５年版『演劇界増刊　歌舞伎俳優名鑑』）を引く。


現存する最古の劇場で行われた「四国こんぴら歌舞伎大芝居」、この花道に宗十郎が現れた時、私は「あー」っと声をあげた。まるで江戸時代がそこにあるような懐かしい思いがこみあげてきたのである。


些事を超越する大らかさとでもいうべきか、他の役者とは違う時代を生きていると思わせる懐の深さがあった。

ステージからは、「芝居が大好き」という思いが伝わってきた。

『菊宴月白浪』では、おかるという役どころ。かつて契った男に忠義立てして、帯に金具の閂《かんぬき》をかけている女伊達だ。

借金を背負ってまでも

演劇記者となってから、最晩年の宗十郎に取材したことがある。

埋もれている古典の復活上演を目的として、１９８９年から「宗十郎の会」という自主公演を打っていた。『濡れ髪お関』の復活などの功績を残したが、かなりの借金を背負っていた。ならば「借財はいかばかり？」が、インタビューの眼目だった。

まことに下世話な好奇心であるが、「だから記者ってイヤなの」と一刀両断にして欲しくはない。古典の伝承とか文化の継承とは常套句であるが、誰もやろうとはしない。

国も、松竹も、伝統芸能愛好家もやらないから、宗十郎は自分で立ちあがった。ならばその結果を広く知らしめたい。そう考えての取材だった。

取材場所は、東京・隼町の国立劇場のロビーだった。まことに不躾な質問に対して、「そうですねぇ。ン千万円でしょうか」と独特の声色で答えてくれた。ひどくやせていた。

取材からほどなく、21世紀を12日間だけ過ごして逝去。享年六十七。

現在、宗十郎を名乗る役者はいない。

大スターではなかったが、心に深く残る名優である。

こうして1984年は暮れていった。

大みそかのNHK『紅白歌合戦』では、トリをとった都はるみについて、生方恵一アナがうっかり「ミソラ」と口走ってしまう。当時、紅白出演辞退をめぐって、NHKと美空ひばりは険悪な関係にあったから、さあタイヘン。いわゆる「ミソラ事件」である。

若い時分は、斜にかまえるものだ。「紅 勝て」「白 勝て」の大合唱も、野鳥の会のウォッチングもどうにも耐えられなく、ひとりNHK教育テレビの舞台中継を見ていた。その素晴らしさに放心した。

杉村春子主演『華岡青洲の妻』（有吉佐和子・原作）だった。

以降、歌舞伎と杉村春子は、筆者の演劇愛好における主要な両輪となる。

1985年

第五章

規格外の女形・坂東玉三郎

『桜姫東文章《さくらひめあずまぶんしょう》』
1985年3月・歌舞伎座

ポスターだけで「キャー!」

1985年3月の歌舞伎座公演は、昼夜とも大作の通し狂言がラインナップされた。

昼の部は、『東山櫻荘子』【ひがしやまさくらそうし】。下総国(千葉県)の義民・佐倉惣五郎が主人公で、通称「佐倉義民伝」とも称される。

主演は、九代目松本幸四郎(現・松本白鸚)。押しも押されもしない大名跡で、前年には

桜姫(5代目坂東玉三郎)と
釣鐘権助(初代片岡孝夫)

NHK『山河燃ゆ』で2回目の大河ドラマ主演をはたしている。

1度目は、1978年に放送された『黄金の日日』（城山三郎・原作）。石川五右衛門（根津甚八）や善住坊（川谷拓三）絶命の回には大泣きし、幸四郎の実父・初代松本白鸚が1話だけゲスト出演した折には、家族中、「やっぱ名優は違うわ」と口にしていた。たった1回のテレビ出演で、役者の技量がわかるとも思えなかったが。

3月公演に話を戻す。

夜の部は、鶴屋南北・作『桜姫東文章』【さくらひめあずまぶんしょう】。片岡孝夫（1944〜）と坂東玉三郎（1950〜）のコンビに、宗十郎・歌六・歌昇といった猿之助一座が配された。四代目市川左團次（1940〜）に、孝夫の長男で当時は17歳だった片岡孝太郎（1968〜）が脇を固めていた。そもそも片岡孝夫は、まんまの本名だ。坂東玉三郎にしても、梨園の血筋ではない。料亭の家に生まれ、先代玉三郎の養子となる。

つまり。

大名跡不在のステージだった。

歌舞伎座の正面入り口の脇には、縦長の看板に昼夜のポスターが貼られていた。上半分は、いかにも東国の名主といったいでたちで幸四郎が眼をランランと輝かせている。

視点を落とすと、「キャー！」。花びらをあしらった桜色の着物をまとい、だらんと身をくねらせている坂東玉三郎が！　その玉サマをグイッと抱き寄せ、精悍な顔立ちの孝夫ちゃんが月代《さかやき》を青々と光らせている。

銀座の街を行き交う人１００人に「どちらの芝居を見たいですか？」と尋ねたら、結果を知るのがコワいというポスターの仕上がりだった。

可憐なお姫様も、艶っぽい毒婦も

前章で紹介した澤村宗十郎がいぶし銀の女形だとすれば、五代目坂東玉三郎はスーパースターの階段を着実に駆けあがっていた。１９８５年当時、35歳。花なら盛りであり、安定感があった。可憐なお姫様もいいが、艶っぽい毒婦を演じても独特の凄みのある声色でゾッとさせる。オールマイティな女形だった。

夜の部『桜姫東文章』では、女形の両極を堪能することができた。原作は、鶴屋南北。深窓の令嬢と札付きの二枚目の因縁を描いた奇想天外なストーリーだ。

現代風に紹介すると、
●桜姫は、大財閥の令嬢
●自分をレイプしたヤクザのことが忘れられない

●実家を追い出された桜姫は、ヤクザと所帯を構えるが
●歌舞伎町のキャバクラに売り飛ばされる
●「ホンモノの令嬢がキャバ嬢に」と『アサヒ芸能』で特集され
●場末らしくないお嬢様ことばがウケて、ナンバーワンに
●ヤクザがほろよい加減に昔話をはじめて
●自分の父と弟を殺したのが、ヤクザだと知り
●正義に目ざめ、ヤクザはもちろん、ひとり息子まで殺し
●行方不明だった宝物を探しだし、財閥は見事再建される

お世辞にも「めでたし、めでたし」とはいえない。

さらに前世の因果応報を背負った僧侶がからみ、殺された僧侶が幽霊となって生身の人間を惑わす。ご都合主義ではあるが、ジェットコースターのように乱高下する桜姫の人生の節目は、ちゃんとした伏線なり動機がはりめぐらされており、戯曲としての完成度は高い。

若き日の高僧とお稚児さんの心中未遂で幕をあけ、青トカゲの毒、場末の女郎屋、三社祭と小ネタも豊富で視覚効果にも優れている。

卓越した美貌だけではなく

桜姫は、儲け役だ。

なおかつ並々ならぬ演技力・台詞術が要求される。

純真な17歳として登場しながら、胸中では力ずくで貞操をうばった男のことが忘れられない。身を堕《お》とした小塚原の女郎屋では、伝法な言い草の端々に、生まれ育った武家の娘らしい上品なことば遣いが混じってしまう。

当時35歳だった玉三郎は、なんと落ち着いていたことか。

1976年の日生劇場公演『マクベス』がかなり話題になり、卓越した美貌は知っていた。当月での観劇で、演技力も卓越していたことを知る。地に足がついているとでも表現したらいいのか、大仰《おおぎょう》な所作が多い中でじつにリアルに見せる演技術があった。天性のものなのか、それとも計算されたうえで編み出された術かはわからない。

後年に実際の舞台に触れて、玉三郎に似ていると直感した大女優がいた。

かっちりとした所作・台詞が美徳とされる新劇の中で、ひとりテンポ・スピードとも他の劇団員とは異なり、しかもリアルに見えていた。

杉村春子である。

最高峰・歌右衛門の後継者は

１９８５年当時に活躍していた女形を列挙してみる。

同年刊の『歌舞伎俳優名鑑』の中で、巻頭グラビアで取り上げられている役者を基準とした。もちろん立役に扮する役者もいる。カッコ内は１９８５年当時の年齢である。

当時の役者名	現在の役者名
七代目尾上梅幸（70）	
六代目中村歌右衛門（68）	
四代目中村雀右衛門（65）	
七代目中村芝翫（57）	
二代目中村扇雀（54）	＝四代目坂田藤十郎
六代目澤村田之助（53）	
九代目澤村宗十郎（52）	
二代目片岡秀太郎（44）	※十三代目仁左衛門の実子／孝夫の兄
二代目澤村藤十郎（42）	※八代目宗十郎の実子／九代目の弟

八代目中村福助（39）＝四代目中村梅玉　※六代目歌右衛門の養子
五代目中村松江（37）＝二代目中村魁春　※六代目歌右衛門の養子
五代目坂東玉三郎（35）
七代目中村芝雀（30）＝五代目中村雀右衛門　※四代目雀右衛門の実子
五代目中村時蔵（30）　※四代目時蔵の実子
五代目中村児太郎（25）＝九代目中村福助　※七代目芝翫の実子

多士済々の中で、女形ひと筋の最高峰が中村歌右衛門だった。その後継者が33歳年下の坂東玉三郎であることは、衆目の一致するところだった。

巷間、芸風や映画・自主公演への出演をめぐって、歌右衛門と玉三郎の間に確執があったと伝えられる。真偽のほどは当人たちしか、いや「自分が一番」と念じなければやってられない花形役者なのだから、当人たちでも本当のところはわからないだろう。

176センチ説もあり

そんな玉三郎にも、ウィークポイントがあった。
高いのである。

身長が。

戦前生まれは、栄養摂取の点で参考にならないだろうから、同年代の女形と比較してみる。当時の『歌舞伎俳優名鑑』から。体重も載っている。

片岡秀太郎	163cm	50kg
澤村藤十郎	166cm	57kg
坂東玉三郎	173cm	50kg
中村松江	166cm	58kg
中村芝雀	164cm	58kg
中村時蔵	168cm	55kg
中村福助	172cm	58kg
中村児太郎	171cm	57kg

群を抜いてというほどではないが、高い。さらに「176cm」というデータを見た記憶がある。なぜ憶えているかといえば、筆者と同じ身長だったからだ。

玉三郎とは一度だけ、映画『天守物語』（1995年公開）にまつわる座談会でお会いしたことがある。映画評論家・白井佳夫が主催していた「新春会」という集まりで、グラスを片手にワイワイと質疑応答する会で、玉三郎は監督・主演を兼ねていた。

これ幸い。なにげに近寄って背丈を比べてみたら、ほぼ同じだった。

ともあれ1950年生まれで公称173cmといえば、クラスでも背の高い方から5番目くらいではないだろうか。

エビタマからタカタマに

ここで大きな問題が生じる。

相手役だ。

市川猿之助	165cm	68kg
松本幸四郎	175cm	65kg
尾上菊五郎	167cm	61kg
片岡孝夫	177cm	60kg
中村吉右衛門	178cm	80kg
尾上辰之助	175cm	68kg

市川團十郎	170cm	70kg
中村勘九郎	165cm	60kg
坂東八十助	163cm	59kg

第二章での『伊勢音頭恋寝刃』もそうだが、玉三郎は十二代目團十郎（当時は、海老蔵）とコンビを組むことが多かった。有名なところでは、歌舞伎十八番の『鳴神』。鳴神上人という高僧がハニートラップにかかり、雲《くも》の絶間《たえま》姫《ひめ》という絶世の美女の乳房に手を伸ばす。

1980年代、『京鹿子娘道成寺』を踊れるほどに技量が優れ、美貌を誇る若い女形は玉三郎しかいなかった。團十郎も、彫りの深い整った顔立ちをしている。姿もいい。

「海老《えび》玉《たま》コンビ」と称された。

松竹が流布させたのか、ファンの間で自然発生したのかは判然としない。だが「海老玉」には、難があった。玉三郎の身の丈が、團十郎のてっぺんから突き抜けてしまうのだ。

そこに、王子さま現る。

身の丈177センチにして、苦み走った超いいオトコ。

かくして誰が命名したか、「孝《たか》玉《たま》コンビ」。

以降も続く歌舞伎観劇体験の中で、見た目・相性・台詞の掛合いを含めて最高のカップリングだった。

4月1日を迎え、1985年度がスタートした。

筆者は、大学2年に進級した。

年度はじめに、超ド級のイベントが華々しく幕を開けた。

第六章

江戸荒事の大名跡「團十郎」が復活

『外郎売《ういろううり》』

1985年5月・歌舞伎座

松たか子と海老蔵は何親等？

超ド級のイベントは、歌舞伎座界隈だけでなく日本列島中を賑わせた。

1年前の朝日新聞（1984年5月1日付・夕刊）から。

外郎売（12代目市川團十郎、7代目新之助）

歌舞伎界最大の名跡、十二代目市川団十郎（現海老蔵）襲名公演の演目と配役が早々と決まり、このほど松竹から発表された。この公演は来年四、五、六月に東京・歌舞伎座で行われるが、一年も前にこれだけすっきり決まることは歌舞伎界では異例であり（中略）熱い期待がここにうかがえる。

十二代目の襲名について、強調したいのは下記の3点だ。

●長らく空位であった
●物凄いプレッシャーがかかった
●もう一人、スーパースター候補生が誕生した

理解しやすいように、家系図で示そう。

十一代目團十郎は先代の実子ではない。
十一代目の実父は、七代目松本幸四郎。十一代目を継ぐに適当な係累《けいるい》がいなかったため、技量に優れた幸四郎の長男が十代目の養子に迎えられる。

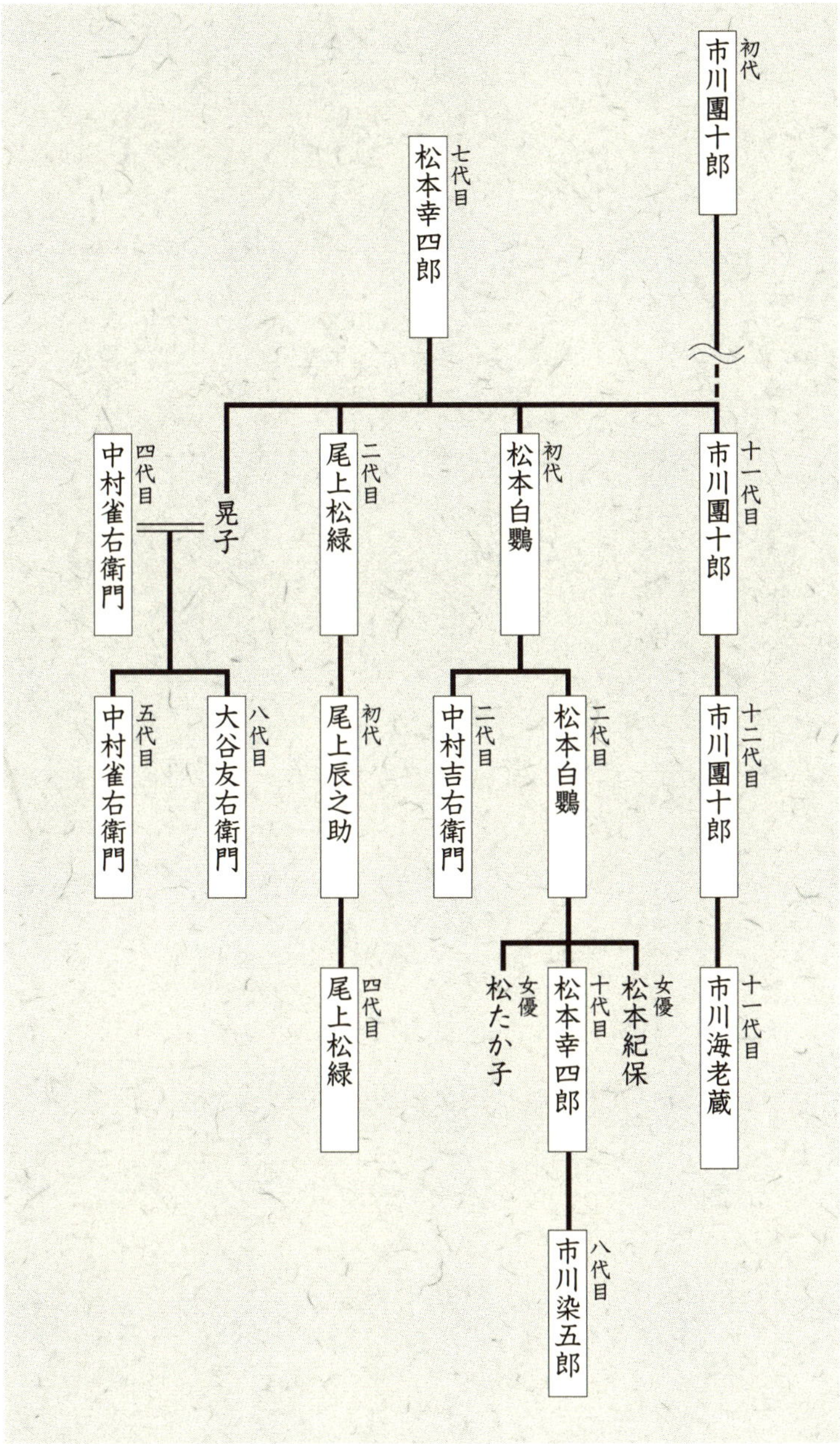
初代 市川團十郎
七代目 松本幸四郎
十一代目 市川團十郎
初代 松本白鸚
二代目 尾上松緑
晃子
四代目 中村雀右衛門
十二代目 市川團十郎
二代目 松本白鸚
二代目 中村吉右衛門
初代 尾上辰之助
八代目 大谷友右衛門
五代目 中村雀右衛門
十一代目 市川海老蔵
女優 松本紀保
十代目 松本幸四郎
女優 松たか子
四代目 尾上松緑
八代目 市川染五郎

ちなみに七代目松本幸四郎の息子に、初代松本白鸚がいる。その長男が現・二代目松本白鸚（九代目幸四郎）になる。その娘が松たか子であるから、

▼松たか子のお爺ちゃんのお兄さんの孫が、現在の十一代目海老蔵

6親等の親戚というわけだ。

初心者にとって、家系図を眺めるのは勉強になる。

ほかの例では、「波乃久里子のお父さんのお兄さんのひ孫が、松たか子」「寺島しのぶのお爺ちゃんの妹のお婿さんの孫の嫁は、前田愛ちゃん」などなど。マニアックなところでは「元宝塚の汐風幸の伯父さんの養子の妻は、藤原紀香」がある。

ビッグネーム襲名は何歳？

十一代目が襲名するまで團十郎の名跡は、59年の長きにわたって空位のままだった。待望の十一代目襲名は53歳の折。しかし十一代目は3年半後に56歳で早世する。爾来《じらい》、1965年から1985年に十二代目が襲名するまで20年も、空位のままだった。

だからこそ江戸歌舞伎の象徴である團十郎の名跡の復活は、松竹にとってもファンにとって

も歌舞伎役者にとっても念願であり悲願であった。

そんな重責を一身に背負うことになった團十郎本人の心中は、いかばかりだろう。御年39歳。肝心の芸は、「なおいっそうの精進が必要」が衆目の一致するところだった。

3カ月に及ぶ公演は、『勧進帳』『助六』『鳴神』といった市川家の歌舞伎十八番がズラリ。共演には、当時の大幹部が勢ぞろい。豪華絢爛、オールスターキャストだった。

5月のチケットがとれた。

平日の「昼の部」で、『一谷嫩軍記《いちのたにふたばぐんき》（熊谷陣屋《くまがいじんや》）』『落人《おちうど》』『暫《しばらく》』『外郎売《ういろううり》』という4本立てだった。

外郎とは、名古屋名物のお菓子ではなくクスリの名前。クスリ売りが効能やら来歴をペラペラと語り倒すというワンシーンもので、舞台の成否は膨大な台詞を早口でよどみなく語りおせるか否かにかかっている。

ハラハラ、ドキドキ。この演目中、満座の観客は手に汗にぎる思いで舞台に立つ坊やを見つめていた。

筆者が観劇した回では一度だけ台詞に詰まったものの、すぐに立ち直り「武具、馬具、ぶぐ、ばぐ、三ぶぐばぶ」と無事完走（完喋?）。歌舞伎座には、割れんばかりの拍手喝采が巻き起こった。「偉いねぇ」なんて涙ぐんじゃう年配客もいた。

堀越孝俊（8）が、七代目市川新之助を襲名した。

現・十一代目海老蔵である。

こうして十二代目團十郎&十一代目海老蔵は、松竹・歌舞伎役者・ファンからの温かい声援を受けて3カ月に及ぶ襲名披露の東京公演をまっとうした。

先に掲げた朝日新聞の続きを記して、本章を結ぶ。

> 出演俳優は現有俳優二百五十人のほとんどを網羅している。出ないのは市川猿之助ぐらいである。猿之助は四月に恒例の明治座と七月の歌舞伎座があり、ことに七月が猿翁二十三回忌にあたるので、その準備とさらに海外での公演といった日程があるためとのこと。（中略）
>
> 新団十郎を盛り上げようと大先輩から同僚まで一致協力する様子は最近の美談とするに足るだろう。
>
> （前掲「朝日新聞」1984年5月1日付・夕刊）

第七章 猿之助歌舞伎の完成型

『義経千本桜《よしつねせんぼんざくら》』
1985年4月・明治座

丸々1本か、名場面ハイライトか

まずは、本章の論考に欠かせない2つの用語の説明から。

「通し」と「見取り」である。

江戸時代の歌舞伎は、朝まだ早きから「二《ふた》立《たて》目《め》」という稽古芝居で始まり、夕暮れとともに幕となる。お天道様が照っているうちに、である。だから総じて、1本が長い。

狐忠信（3代目市川猿之助）

一方、現在の歌舞伎公演は昼夜の二部制で、それぞれの上演時間は4時間ほど。とても江戸時代の原典をまるまる上演することはできず、カットを余儀なくされる。

それでもできるだけ物語の幹を残し、おおよそ原作通りに上演するスタイル、これを「通し」と呼ぶ。「原作を、1本まるまる通して」上演するという意味だ。

これに対して、名場面だけを集める公演形態がある。まず踊り、次に河竹黙阿弥の作品から一場面、次いで歌舞伎十八番からといった具合に、3~4作品の見せどころを寄せ集める。名場面を「選りどり見取り」でぎゅっと見せるために「見取り」と呼ばれる。

古典の復活公演で名を馳せてきた三代目猿之助の場合、三十代後半からの壮年期には他の役者と比べて「通し狂言」が圧倒的に多かった。

筆者もまた「通し狂言」を好んだ。

踊りの良し悪しがわかるわけでもない。『仮名手本忠臣蔵』の七段目は華やかな一力茶屋が舞台だけあって、「見取り」で上演されることが多いが、その前後のストーリーを知っていないと、意味不明。大星由良助はなにを企んで遊女のお軽を身請けしようとしているのか、お軽の夫である勘平はその前の段でどんな末路をたどったのかなどなど、予備知識がないと意味不明なのである。

主人公は放蕩息子にキツネくん

三大歌舞伎と称される名作あり。

『仮名手本忠臣蔵』【かなでほんちゅうしんぐら】

『菅原伝授手習鑑』【すがわらでんじゅてならいかがみ】

『義経千本桜』【よしつねせんぼんざくら】

いずれも長大な原作で、昼の部&夜の部をブチ抜いて10時間近くにわたって完全上演されることもある。

1985年4月の明治座（東京・中央区）で、三代目市川猿之助はスペクタクル歌舞伎の集大成ともいえるステージを繰り広げた。

『義経千本桜』の主人公は、源義経には非ず。

義経をつけ狙う平家の落ち武者が主人公の段もある。

いがみの権太という、とんでもない放蕩息子も出てくる。

四段目の主人公は、なんとキツネくん！　お父さん&お母さんキツネが鼓の皮にされちゃったので、「ボク、さみしいよ」とばかりに、持ち主である静御前《しずかごぜん》の周りを猫のようにゴロニャンしている。

明治座の4月公演は、昼夜通して観劇した。現在の明治座は近代的なビルに建て替えられたが、当時は五木ひろしショーなど演歌歌手の座長公演が多く、昭和のゆる〜い雰囲気を漂わせていた。食堂の長テーブルの上には、「ご自由にどうぞ」とばかりに、小学校の給食風景よろしく真鍮《しんちゅう》のドでかいヤカンがドンと置かれていた。格式高い歌舞伎座とは正反対だ。

1985年4月の歌舞伎座と明治座は、かくも好対照があるかという2ステージとなった。

◉歌舞伎座「十二代目市川團十郎 襲名披露公演」
空前絶後の3カ月ロングラン
大幹部・スター・中堅・若手まで勢ぞろい
演目は「これぞ正統派」江戸歌舞伎
口上では、ひとつニラんでごらんにいれまする

◉明治座「三代目市川猿之助　義経千本桜」
猿之助　昼夜3役に大奮闘
御曹司は歌舞伎座に出てるけど

オレたちゃ、実力主義者だい！
宙乗りがあるよ
ドリフターズみたいな屋台崩しもあるよ

台本よし、主役よし、脇役よし

第一感は、「面白い！」。

台本が素晴らしかった。

先に挙げた三大名作は、作者も同じ。並木千柳・三好松洛・竹田出雲の3人による合作である。

平知盛といえば、平清盛の実子。壇ノ浦の合戦で没したはずだが、なんと生きていた。そして義経をつけねらっているのだが、どういうわけか船宿の主人にバケていた。店を借りる資金は、どうしたのだろう。そもそも生活費は？　どうやって合戦の場から逃れたのか。どうやって身内と再会したのか。

いっさい説明はない。

荒唐無稽だから、トンデモ設定だから、ワクワク感がいや増される。

毎日新聞（1985年4月17日付・夕刊）から。

通してみると筋がよくわかる上、輪廻《りんね》に苦しむ人間たちと、それと対照的に親をしたう子狐の愛の美しさを対比させた全体の作意が浮き彫りになる。猿之助は昼に知盛、夜に権太、昼夜に忠信と立役の三大役を演じわける。

その成果やいかに?

忠信は専売の「宙のり」の引っ込みをはじめ、すっかり手に入った当たり役。今では完成品になった。ついで権太に進歩がある。音羽屋型に自分流の工夫を加えたやり方で、前半、母親に甘えるところ、手負いになっての述懐がよくなった。

共演陣についても。

周りの役では門之助の義経、宗十郎の典侍の局と維盛が一級の芸。児太郎の静は花形らしい張りと美しさで芸も確かだが、声に抑制が欲しい。段四郎がさまざまな五役をこなし実力を示した。脇では寿猿、新車が抜てきに答えた。

台本よし、主役よし、脇役よし。

狐忠信による宙乗りが繰り広げられる川連法眼館《かわつらほうげんやかた》の場面は、「四《し》の切《きり》」と称される。「四段目」の「最後（切り）」という通称だ。

この明治座以降も、猿之助の宙乗りは幾度となく見ているが、キツネの衣装に身をつつみ、鼓を手に宙乗りしている表情が神々しかった。

4月から6月まで歌舞伎座は團十郎襲名にわき、迎えた7月は毎年恒例の猿之助月間。昼の部は『小鍛冶』ほか佳作4本立の「見取り」で、夜の部は河竹黙阿弥の大作『加賀見山再岩藤』【かがみやまごにちのいわふじ】を復活させた。「骨寄せの岩藤」と称され、怨霊が白骨と化して消え失せる仕掛けが見せ所だ。

7月の公演は、初代市川猿翁と三代目市川段四郎の二十三回忌追善公演ともなった。

猿之助の一家が、團十郎を頂点とする市川宗家から冷遇されてきたのは紛れもない事実だろう。その團十郎の襲名公演の直後に、ご先祖さまの追善公演で歌舞伎座を満座の観客でわかせることができた。

三代目猿之助の絶頂期だった。

第八章 中村勘三郎とジョージ・チャキリス

『お祭《まつ》り』
1985年9月・歌舞伎座

2つの自慢

特定のジャンルを長らく愛好していると、「この人に間にあって、良かった」としみじみシアワセになることがある。

将棋だったら、「升田幸三とね、二枚落ちで指してもらったことがあるんだよ」。

野球ならば、「小学校6年生だったけどさ、ミスター（長嶋茂雄）の引退試合をテレビで

鳶頭
（17代目中村勘三郎）

見て、もらい泣きしちゃったよ」。

古参の落語ファンは、「おじさんに連れられて新宿の末廣亭に行ったら、晩年の古今亭志ん生がトリでね。子ども心に、この噺家はすごいって直感したよ」

18歳で初観劇した筆者にとっての自慢は、まずひとつは前章でも記した通り、現・市川海老蔵の初舞台をウォッチできたということ。

もうひとつは、昭和の天才に間に合ったことだ。

十七代目中村勘三郎（1909〜1988）。先年亡くなった十八代目の実父であり、現・六代目中村勘九郎の祖父にあたる。長女は、新派女優の波乃久里子である。

並外れたお天気屋で、NHKアナウンサーの山川静夫は勘三郎との交流を綴ったエッセイに『勘三郎の天気』（文春文庫・1994年）というタイトルを冠している。

十七代目勘三郎は、こんな名言を遺している。

●芸は気分

三振かホームランか

作家の村上元三氏が『歌舞伎俳優名鑑　改訂増補特装版』（松竹演劇部・1973年）にこんな文

章を寄せている。当時、十七代目は64歳。

観客を楽しませることでは当代無比の役者だが、ときどきサービスが過ぎることもある。観客よりも先に、舞台で涙を流すことが多い。演技の計算を緻密にする、というタイプではない。お天気屋で、時々ひどい仏頂面をすることがある。なにを怒っているのか見当もつかないでいると、あくる日は、大そうな機嫌に変ったりといったふうである。

古株の歌舞伎通によれば、気分が乗らない日にはサッサと舞台を片づけて、スッと引っこむ。だからこそ興が乗った折の熱演は、優等生の及ぶ域にはあらず。三振かホームランかという大砲のごとき、ワクワク感を漂わせていた。

初観劇が、1984年。十七代目は、大学を卒業した翌月（1988年）の4月に亡くなっている。印象に残っているのが、1985年9月の『お祭り』だった。

張り詰めた空気は、微塵もない。肩の力をグーッと抜いて観劇できる舞踊だ。『再茲歌舞伎花轢』【またここにかぶきのはなだし】という演目の一場面で、江戸三代祭りのひとつ「山王祭り」当日の夕方、鳶頭《とびがしら》がほろ酔い気分で我が家へと向かう。遊女とノロけたり、狐拳《きつねけん》（昔のジャンケン）に興じたり、人足とからんだり。とにかく粋で江戸情緒にみちた演目である。

この月は松竹創業九十周年記念「中村会 九月大歌舞伎」と銘打たれ、さまざまな中村屋に連なる役者が一堂に会した。

御年76歳。病気療養が続いていた十七代目勘三郎にとっては、5月の團十郎襲名公演から4カ月ぶりの舞台となった。「芸は気分」の十七代目にとって、乗らないはずがない。

身の丈165センチには見えない大柄な体軀が姿を現す。客席からの「待ってました！」という掛け声を受けて、お約束の「待っていたとは、ありがてぇ」。再び、やんやの喝采が巻き起こる。

間の取り方や観客のハートのつかみ方が、天才的だった。

舞踊の神様に操られ

ぐっと時代は下って。

1992年5月。『ウエストサイド物語』で名を馳せたジョージ・チャキリスが、『チャキリスへの伝言』という国産ミュージカルへの客演で来日した。御年58歳。稽古場取材の際にダンスを披露した。

『ウエストサイド物語』のベルナルド役で、脚をビュンビュン振りあげていた往年のキレはない。両腕をだらんと肩よりわずか下にさげ、両足をクロスさせてゆったりと回転する。重心の高さはまったく変わらない。肩の揺れ方も、自然体だ。

力の抜き方に感心した。

そして、十七代目勘三郎の『お祭り』の記憶がよみがえってきた。

筆者は日本舞踊を習ったこともないから、舞踊の良し悪しにははなはだ自信がない。

だがこの月の『お祭り』には、刮目《かつもく》せざるをえなかった。名優の晩年という先入観もあっただろうが、舞踊の神様に操られているかのようだった。

初心者向けに、歌舞伎ひと口メモ。

現・菊五郎は、七代目。團十郎だって、まだ十二代目。十七代目だから中村勘三郎という名前はすごい由緒ある名跡だろうといえば、さにあらず。

もともと江戸の芝居小屋の座元名が、代々受け継がれていたのである。

役者として舞台に立った代もいるが、あくまでもプロデューサーであり劇場支配人の名前だった。すごくわかりやすくいえば、ミュージシャンを志す若者が東京・高円寺にライブハウスをオープンさせ、その名前が代々受け継がれてきた、といったぐらいか。

埋もれていた名前を復活させたのが、十七代目。つまり一代の実力と人気で、ビッグネームに育てあげた名跡なのである。

晩年になっても好々爺とはしていなかったし、枯れてもいなかった。

1988年4月。昭和最後の桜の季節に、十七代目は息をひきとる。享年七十八。

昭和の歌舞伎界にとって、なくてはならない天才役者だった。

ワンパクな子どもが、そのまま大看板になったような役者だった。

本章まで故人を含めて多数の役者名が出てきた。理解を容易にするために、かなりな役者を網羅した家系図を次頁に引く。

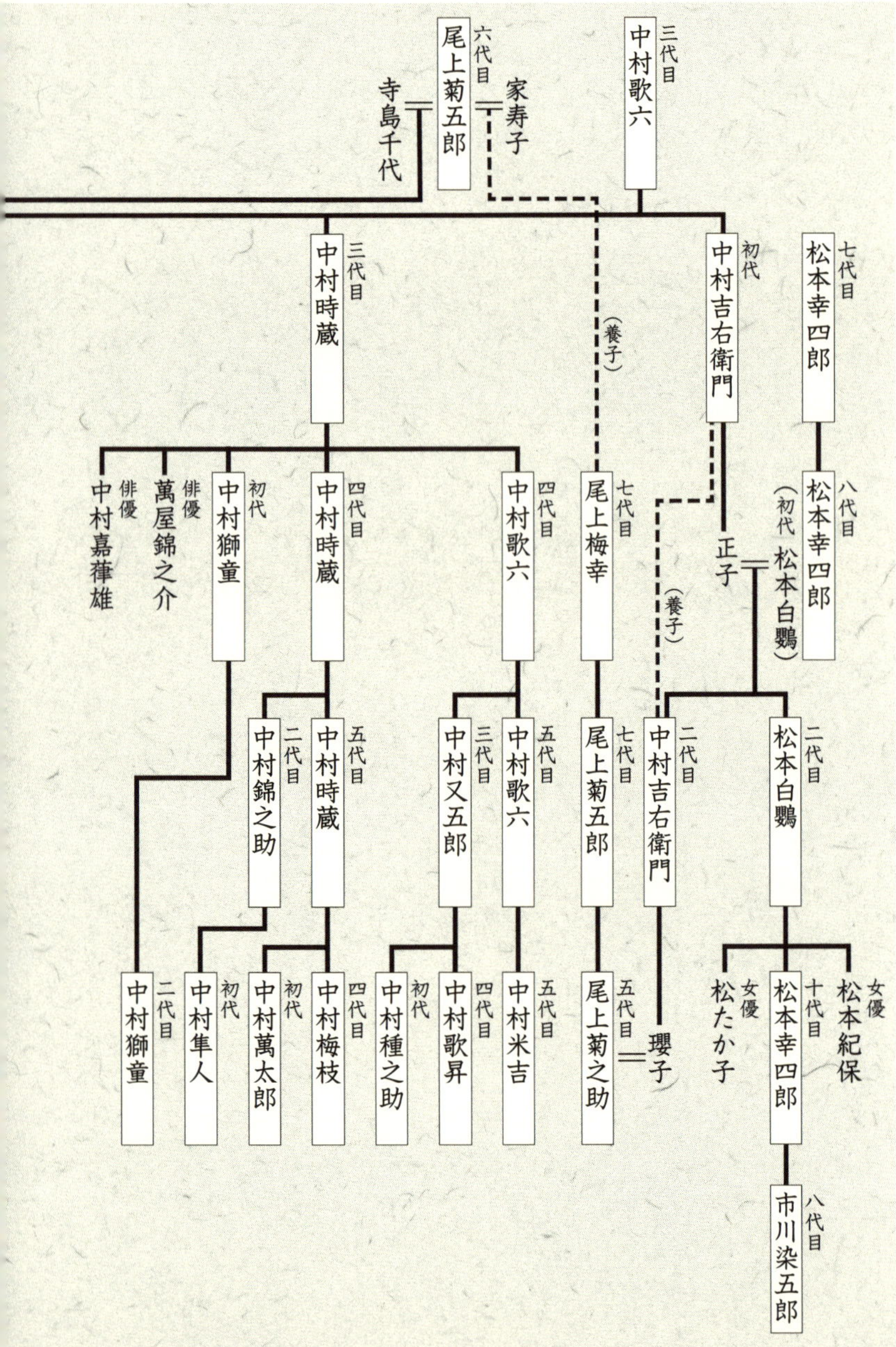
三代目 中村歌六
六代目 尾上菊五郎
家寿子
寺島千代
七代目 松本幸四郎
初代 中村吉右衛門
（養子）
三代目 中村時蔵
八代目 松本幸四郎（初代 松本白鸚）
正子
（養子）
七代目 尾上梅幸
四代目 中村歌六
四代目 中村時蔵
初代 中村獅童
俳優 萬屋錦之介
俳優 中村嘉葎雄
二代目 松本白鸚
二代目 中村吉右衛門
七代目 尾上菊五郎
五代目 中村歌六
三代目 中村又五郎
五代目 中村時蔵
二代目 中村錦之助
女優 松本紀保
十代目 松本幸四郎
女優 松たか子
瓔子
五代目 尾上菊之助
五代目 中村米吉
四代目 中村歌昇
初代 中村種之助
四代目 中村梅枝
初代 中村萬太郎
初代 中村隼人
二代目 中村獅童
八代目 市川染五郎

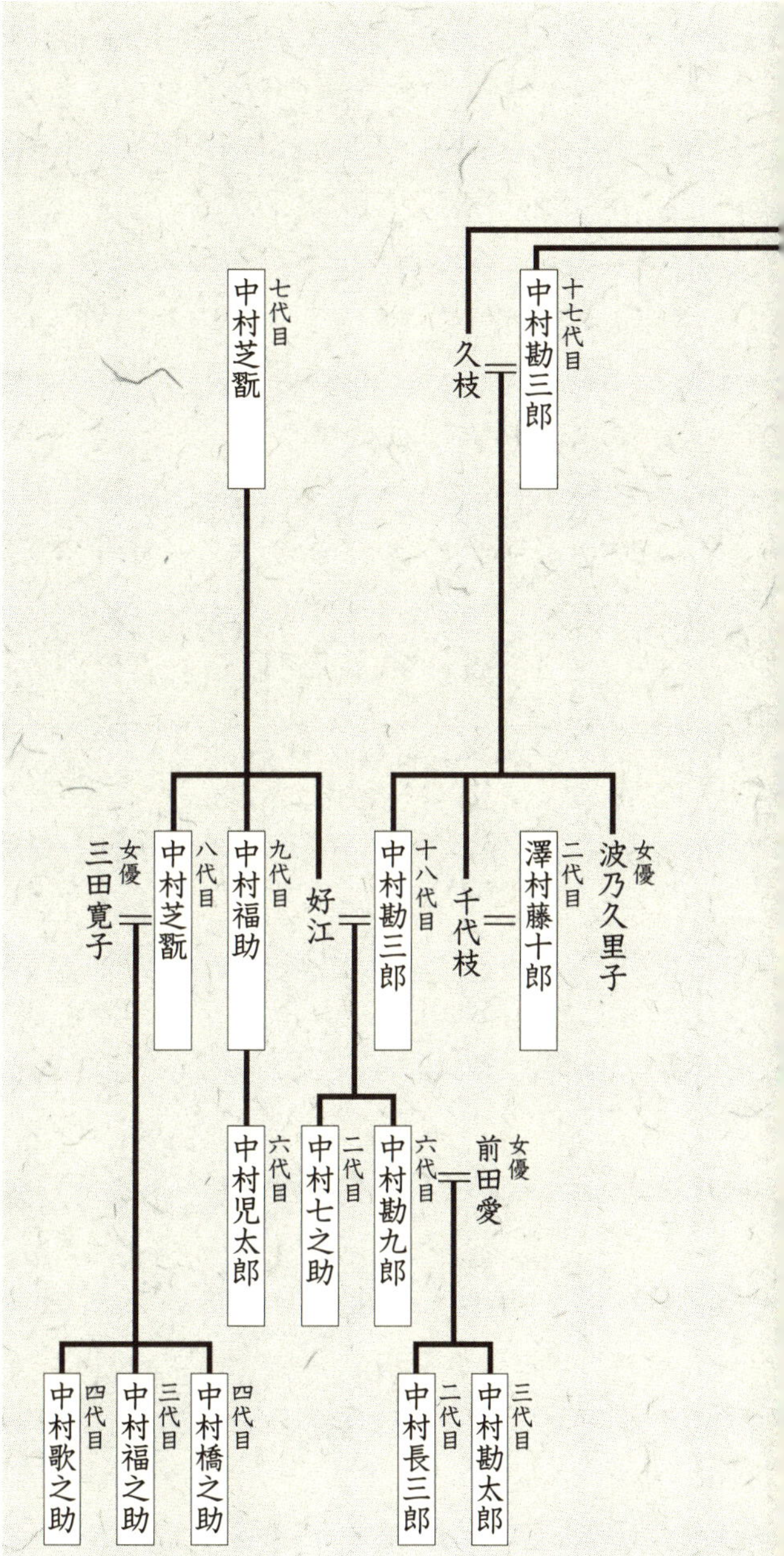

十七代目勘三郎の父は、三代目中村歌六。勘三郎と水平に結ばれている兄弟を見て欲しい。
長男は、初代中村吉右衛門。
次章では、播磨屋《はりまや》の屋号をもつ中村吉右衛門についてとりあげる。

第九章

陰影を武器にした中村吉右衛門

2歳違いの文学者と名優

小宮豊隆《とよたか》といえば、小説『三四郎』のモデルともなった夏目漱石の門下生。東京音楽学校（現・東京藝術大学）の校長や学習院大学教授を歴任し、ロシアの文学者ツルネーゲフやスウェーデンの劇作家ストリンドベリの翻訳を手掛けた。古今東西の文芸・演劇に精通した文学者である。

俊寛僧都
（2代目中村吉右衛門）

『俊寛《しゅんかん》』
1985年9月・歌舞伎座

東京帝国大学卒業後の明治44年（1911年）。
こんな熱烈な一文ではじまる俳優論を、『新小説』に寄稿した。

文壇で会ってみたいと思う人は一人もおらぬ。役者の中では会ってみたいと思う人がたった一人ある。会ってみたら、色々の事情から多くの場合失望に終るかも知れぬ。それにもかかわらず、芸の力を通して人を牽き付けてやまぬ者は、このただ一人である。このただ一人とは、言うまでもない、中村吉右衛門である。

（「中村吉右衛門論」岩波現代文庫より・2000年）

小宮豊隆（1984〜1966）。
初代中村吉右衛門（1886〜1954）。
ほぼ同年を生き、生涯を閉じるまで初代吉右衛門についての文章を縷々つづり続けた。
小宮の吉右衛門論は、次に掲げる文章に凝縮されている。

吉右衛門が歌舞伎芝居のために成し遂げた（あるいは成し遂げんとし、もしくは成し遂げつつある）功績も「型」の芝居を「心」の芝居に変ぜしめた点――換言すれば、舞台に上って役々に扮するとき、芸よりは人、人よりはその人の精神によって、直ちに我らの生活経験に迫らんとする点にある。（中略）吉右衛門にあっては「型」と「心」とは二にして一なるものである。「型」のある処に「心」がある。「心」が溢れて「型」となる。

右の文章は、吉右衛門が25歳の新鋭だった時代に書かれている。吉右衛門の亡くなった翌1955年には随筆「吉右衛門の芸」を記した。

吉右衛門は役の性根をしっかり押えた上で芝居をした。しかしそれだけではなく、吉右衛門はその押えた性根を舞台の上で表現するについて、顔のつくり、衣裳のつけ方は勿論のこと、顔の表情、からだの表情、歩き方、坐り方、動き方を始め、声の出し方、台詞の抑揚、台詞の間《ま》のとり方、テンポやリズムなどに、一々精確にあらゆる工夫を凝らした。

グっとくだいて説明すると、様式美で見せる歌舞伎に内面描写やリアルな所作を導入し、近代劇に近づけたというところか。

特徴としては、熱演タイプ。六代目尾上菊五郎（1885〜1949）と芸の覇を競い、2

人の全盛期は「菊吉時代《きくきち》」と呼称された。

「必ず男の子を二人産んで」

初代吉右衛門は、後継に悩んだ。

同名が頻出するので、ややこしいのだが。岩波現代文庫版「中村吉右衛門論」の巻末に、現・二代目中村吉右衛門がエッセイ「初代中村吉右衛門のこと」を寄せている。

私は生まれるときから歌舞伎役者になる運命を背負っておりました。私は本来八世松本幸四郎（初世松本白鸚、本名藤間順次郎、一九一〇―八二年）の次男であり、昭和十九年（一九四四年）に生まれたときは藤間久信と申しました。実母は正子《せいこ》といい、初代中村吉右衛門の一人娘ですが、藤間に嫁ぐことになりました。そうしますと、波野には誰もいなくなってしまうので、母は必ず男の子を二人産んで、一人は養子に出すと約束してお嫁に行く許しを得たのです。それで四歳のときに籍が入りまして、波野久信に変わり、初代が考えた中村萬之助の名前で、昭和二十三年六月東京劇場（東劇）で初舞台を踏みました。

長男が、現・二代目松本白鸚（九代目松本幸四郎）。

次男は、現・二代目中村吉右衛門。

血をわけた兄弟ながら、苗字が異なるのはこんな理由による。

兄の九代目幸四郎との比較は、拙書『宝塚歌劇　柚希礼音論――レオンと9人のトップスターたち』（東京堂出版・2016年）にすでに記してあるのでここでは繰り返さない。ただ一点、世界的にも巨大な歌舞伎座という劇場において、二代目吉右衛門は内面描写を三階席にまでとどかせる技量を備えていることは強調しておきたい。

初代と同じく、「心」を観客に伝えることができる稀有な役者である。

ひとり島に残された胸中を

卓越した演技力をまざまざと見せつけられたのが、1985年9月「中村会　九月大歌舞伎」における『平家女護島』【へいけにょごがしま】、通称「俊寛」であった。

●平清盛への謀反の咎《とが》で、僧侶の俊寛ほか3人が鬼界ヶ島《きかいがしま》に流される。
●赦免《しゃめん》が出る
●しかし俊寛は都に残してきた妻が自害したことを知り

●激昂し、使者を殺してしまう
●自分の代わりに、流人仲間の妻となった島の娘を船にのせ
●涙で船出を見送る

これだけ。だが。

三階席から見ても、わずか一日に起伏する感情の揺らぎが伝わってくる。歌舞伎だけではなく、感情をボリュームで表現する役者が圧倒的に多い。悲しいとなればワナワナと全身を震わせ、嬉しいとなれば満面の笑みを浮かべる。それを「熱演」と称賛するか、「クサい」「ヘタ」とイヤになっちゃうかは、観客それぞれの感受性によるだろう。

牽強付会《けんきょうふかい》になるが、この抜群の表現力を「養子縁組」に見いだせないだろうか。吉右衛門家のような養子縁組は、昭和の時代には都市・地方問わずに珍しくなかった。近年でももっとも有名なケースは、安倍晋三首相と岸信夫代議士の兄弟だ。

二代目吉右衛門は、暗い。

太陽か月かと問われれば、間違いなく「月」の役者だ。

祖父の養子になったがため、実母が戸籍上の姉になった。そんな複雑な家庭環境をへて、二代目を襲名した。

全編ほとんど台詞で語られる「俊寛」だが、猛烈に面白かった。

歌舞伎って、どんな演劇なんだろう？

壮大な論考は後に譲るとして、最後に「吉右衛門」という名跡のこれからについて記す。

二代目吉右衛門は、４人の子宝に恵まれた。

いずれも娘だ。

四女・瓔子さんが、現・尾上菊之助と結婚した。

ただいま、長男ひとり。

もう一人、男児が生誕したら、お爺ちゃんに当たる二代目吉右衛門の胸には、どんな思いが去来するだろう。４歳にして祖父家に養子縁組され、凡夫には想像もつかない血脈や伝統をリアルに体験した祖父として。

第十章 史上最強の二枚目・片岡孝夫

『伽羅先代萩《めいぼくせんだいはぎ》』
1985年10月・歌舞伎座

江戸時代のクラブ?

歌舞伎をナマで観劇して、1年の余。アバウトながらトリビアな筆者は、「歌舞伎って、どんな演劇?」と自問自答していた。

歌舞伎って、なんだ?

もっとも説得力のない字義から、いこう。

仁木弾正
(初代片岡孝夫)

●歌＝台詞を含む、流麗な発声。音声としての効果
●舞＝踊り
●伎＝所作・演技

よくできた判じものではあるが、これは後世の創作である。

次に、発祥から。

歌舞伎の始祖・出雲国《いずものくに》については諸説あり、ここでは「歌舞伎＝傾《かぶ》き」という説を手掛かりにする。

傾く＝逸脱する。

ちんまりとした日常生活を脱し、思いっきりデフォルメすることだ。キンキラキンの衣装をフツーの日に着るのは、チンドン屋だけ。白塗りにして眉を描く男は、志村けんぐらいしかいない。「ちょっと待って」と伝えるのに、「し〜ば〜ら〜く〜、し〜ば〜ら〜く〜！」と声をかけたら、相手はどこかに行ってしまう。

非日常な衣裳・メイク・台詞廻しで、日ごろのウサを晴らそうという芸能である。

現在では、クラブが近い。「おしぼり、ど〜ぞ〜」の銀座のではない。ＤＪがラップを流し、

キメキメの客がシャウトしている方のクラブである。

そんな芸能・風俗であるから、いかがわしさと表裏一体。江戸時代の芝居小屋は「悪場所」と呼ばれた。だから幕府公認の芝居小屋は3つだけに定められ、悪しき風俗が拡散しないよう木挽町《こびきちょう》（現・東京都中央区銀座）の界隈《かいわい》に封じこめられた。

歌舞伎本来の姿とは

ところが、明治の世になると。

国家存亡の危機には身を挺《てい》することが美徳とされ、相次ぐ大戦とともにエスカレートされる。

そんな時代背景にあって、主君に殉じる歌舞伎の演目は政府奨励に格上げされた。

どんな伝統でも、長く存続しているうちに「古典」として尊ばれる。七代目市川團十郎はご先祖さまが得意とした演目を「歌舞伎十八番」と定めたように、過去の膨大な作品が整理される。「勧進帳のこの場面では、弁慶は……」という型が生まれる。

こうして「傾く＝逸脱する」はずの芸能が、「順守すべき」伝統に反転する。

歌舞伎は、2つの顔を持つ。

●伝統芸能の代表格である

●「傾き」＝逸脱
●じゃあ、逸脱しちゃえ
●ちょっと待て
●おいらは、伝統芸能じゃないか

よく「歌舞伎本来の姿に立ち返って」という表現を目にし耳にする。だがどの本来に立つのかによって、導かれる結論は１８０度異なる。
１年間の観劇体験を経てたどりついた結論である。

「飯焚」のヤマ場はダブル

１９８５年10月の歌舞伎座は、びっくりぽんの配役だった。

三代目市川猿之助一座
七代目尾上菊五郎
初代片岡孝夫（現・十五代目片岡仁左衛門）

「どうしちゃったの？」と問いたくなるような座組だった。

菊五郎と猿之助は、1年前の1984年10月に「宙乗り合戦」を繰り広げていた。はたまた片岡孝夫（当時）とは接点すらない。

さらに。

演目が、スゴかったんです。

『伽羅先代萩』【めいぼくせんだいはぎ】。

数ある歌舞伎狂言の中でも、いいタイトルだなぁとホレボレする。

奸臣が殿様をおとしいれようとした伊達騒動を題材にしており、「伽羅《めいぼく》」（きゃら）は伊達家が好んだ香木《こうぼく》を、「先代」は「仙台」にかけている。「先代萩」と略称される大作だ。

昼の部は、通し狂言でたっぷりと魅せた。

「飯焚《ままたき》」「床下」「刃傷」「対決」が見せ場で、まずは「飯焚」。

文字通りご飯を炊くのだが、奸臣・仁木弾正《にっきだんじょう》の一味は、幼い君子の鶴千代を亡き者にせんと虎視眈々《こしたんたん》と狙っている。そうはさせじと立ちはだかるのが、乳母《めのと》の政岡。息子の千松と部屋にこもり、毒殺を警戒して手づから君子のご飯を炊いている。でも育ち盛りの幼子たちは、「腹へったぁ」とぴーぴー泣く。

政岡たちの前に現れたのは、仁木の妹である腰元・八汐《やしお》。千松の行儀を見咎めて、問答無用で刃をまだ幼い千松の喉元に、グサリ。それだけではあきたらずサディスティックにグリグリと白刃をまわしながら、政岡の顔を盗み見る。

ここがヤマ場！

息も絶え絶えの我が子を前に、政岡は涙ひとつ流さずに修羅場を見据えている。

ここが演劇の常套手段である「勘違い」で、八汐は、

「我が子を殺されて平然としている。おかしいな〜。そうか！　暗殺を恐れて、鶴千代と千松の姿を変えていたんだ」。

かくして忠臣である政岡を自分たちの味方と勘違いして、まんまと奸臣一派の連判状を渡してしまう。

ここからがヤマ場中のヤマ場！

側の者が立ち去る。そして誰もいなくなり。無惨な姿に変わりはてた我が子に駆け寄り、政岡は母親としての嘆きを初めてあらわにする。

政岡には、七代目菊五郎。

腰元の八汐は仁木弾正をつとめる立役が役を兼ねるのが通例で、現・十五代目仁左衛門の片岡孝夫がつとめた。

憎々しさが、いちいちステキ

この月の公演は、すこぶる評判が良く、

昼の「伽羅先代萩」は、長らく歌右衛門・鴈治郎のものだった。秋霜烈日の政岡・あいきょうの八汐コンビが一風変わった効果をあげたためだが、これに対し、菊五郎の政岡・孝夫の八汐はむしろオーソドックスといってよいだろう。（中略）
孝夫の八汐には鴈治郎になかったすっきりした味がある。憎々しげな振る舞いが、いちいちすてきに見えてしまうのだから、これはもう資質というほかないだろう。すてきだからすごみの底が深くなる。
（朝日新聞　１９８５年10月14日・夕刊）

続く見せ場が、「床下」の場。悪の総本山・仁木弾正が姿を現す。妖術の使い手でもあるから存在自体がミステリアスで、花道を引っ込む際は腰をアップダウンさせるのは御法度。ローラースケートに乗っているように、スーッと不気味に消えていくのが良しとされている。
白塗りで、まなこを半眼にひらき、巻物を口にくわえ、ただならぬ妖気を漂わせる。いいもん、見せてくれて、おおきに。そんなお礼を述べたくなる仁木弾正だった。

ここまで菊五郎&孝夫による見せ場が続き、三代目猿之助がさっそうと登場するのは「対決」という終盤だ。

猿之助の役どころは、細川勝元。

いわば裁判官で、お家騒動に沙汰を下すために評定場（裁判所）に単身乗りこんでくる。早変わりもないし、宙乗りもない。スペクタクルでない猿之助だが、

猿之助の勝元は気力じゅうぶん、単なるさばき役に終わらせないところが、彼らしいよさだ。

（前掲『朝日新聞』より）

パッと登場して、ちょっとムリ筋な裁定を下して、悪人たちにグーの音も出させない知恵者だ。シェイクスピア『ヴェニスの商人』で「血を一滴も流さずに肉1ポンドをとること」という名判決（迷判決?）を下した娘ポーシャに似ている。

この時の観劇で、「猿之助は論理の人だな」という思いを強くした。芝居自体はハデだが、パッションの役者ではない。説得力ある台詞を客席の隅々にまで届けることができる。

大名跡は三男坊に

当時41歳だった片岡孝夫について、触れる。

1980年代に、もっとも人気があった立役だったんじゃないか。特に若い女性における人気ぶりは抜群だった。だからこそ十五代目仁左衛門を襲名した現在でも、当時の名前である「孝夫サマ」と呼ぶファンも多い。

演技力重視で渋いのが好きという向きは、二代目中村吉右衛門になびいた。「どなたのご贔屓で？」と問われ、「播磨屋さん（吉右衛門の屋号）で」と答える自分が好きみたいな。

菊五郎が随一の贔屓という歌舞伎愛好者は、筆者の周りにはいなかった。野球にたとえれば、王貞治ファンが存外に少ないようなものか。

九代目幸四郎や十二代目團十郎のファンとなると、さらに見かけなかった。

前章でも述べたが、片岡孝夫は顔よし・声よし・姿よし。唯一の弱点は舞踊だが、これとて177センチと同年代においては飛びぬけた長身だから、舞うたびに見映えする。といいつつ、スリムすぎるところがこれまた難点。

実父は上方歌舞伎の大名跡・十三代目片岡仁左衛門。

十三代目は3人の跡取りに恵まれ、長男が五代目我當。次男は女形を主とする二代目秀太郎。孝夫は三男にあたる。

ぐーんと時間は下り、演劇記者になってからは、お世継ぎ問題が常にウォッチの対象になった。

長男の五代目我當は、かっちりきっちりの地味なタイプだった。もしかしたら孝夫が次の仁左衛門を継ぐなんてことはないの?

ベテラン記者に尋ねたところ、即座に「ない」。

「お父さんの仁左衛門も、襲名するまでは不器用な役者でね。でもやっぱり名が人をつくる。十三代目を襲名してから、貫禄がついて、しかもかえって重厚な役者ぶりがいい具合にマッチして、余人をもって代え難い役者になった。我當もそうなるよ」

「そうすると、継ぐ名前がありませんが」

「孝夫のままでいいじゃない。片岡孝夫。いい名前だ。初代をつらぬいて、名跡に育ててあげて、息子の孝太郎が継げばいい」

ところが。

1995年2月。松竹は、仁左衛門の名跡を三男の孝夫が襲名すると正発表した。

その理由として挙げられたのは、

●仁左衛門は、代々五十代の立役が襲名するならいになっているかくして十四代目は十三代目片岡我童に追贈（故人に名を贈ること）され、十五代目は孝夫が襲名することになった。

当時、松竹が挙げた理由を、別の歌舞伎関係者に問いただしたところ、「初耳です。イレギュラーですよね。要するに、人気の高い孝夫に継がせたかったということでしょう。ちょっと残念な気がします」

家長的な匂いが

片岡孝夫が特に若い世代に人気を集めた理由には、「歌舞伎役者らしくない」という点があるのではないか。

スタイルからしてそうだ。恰幅のいい役者が居並ぶ中、デザイナーズ・ブランドの細身のスーツが似合いそうな立ち姿は一発で目に焼きつけられる。

本分の役者としては。

説明が難しいのだが、現代的な香りがした。

十二代目團十郎のように、江戸荒事をきわめるという使命を負っているわけでなし。

七代目菊五郎のように、六代目の後継という重責を担っているわけでもない。

三代目猿之助のように、スペクタクル歌舞伎の復権や市川宗家に対するルサンチマン（怨恨）を胸に秘めていたわけでもなし。

自由人らしさが漂っていた。ナチュラルに歌舞伎の舞台になじんでいた。現代的というのは、そういう意味でもある。同じく天衣無縫タイプの五代目板東玉三郎との「孝玉コンビ」は、1＋1を超える化学反応を起こした。

芸の基本は抑えつつ、ナチュラルな所作や台詞のやりとりが、少なくとも筆者の五感にはマッチした。

関連して、もうひとつ。

孝夫が昭和の最終期に受け入れられた要因には、家長的な匂いがまったくなかったという点があるのではないか。現・十五代目となっても、團十郎や菊五郎と比べて、「片岡家を背負って立つ」という気負いが希薄だ。前述とも重なるのだが、すべてのくびきから逃れられている。1980年代後半における国・故郷・家制度から自由になるという時代にマッチしていたとも思えるのである。

今月は面白い

襲名が正式発表される前、片岡孝夫は肺気腫という病に倒れた。長期におよぶ休演を余儀なくされた。筆者の取材では、一時期「重篤《じゅうとく》」(症状が非常に重い状態)にまで悪化したこともあった。

だが舞台復帰をはたす。

74歳となった現在、ベテランの立役として歌舞伎の舞台を締める存在となった。

1985年10月の歌舞伎座公演は、昼の部は『伽羅先代萩』に沸き、夜の部は猿之助一座による『雙生隅田川』【ふたごすみだがわ】の再演となった。

当時の新聞は、非常に似通った表現でこの通し狂言の競演を評している。

今月の東京・歌舞伎座はおもしろい。昼夜とも通しだからと言うより、猿之助・菊五郎・孝夫らが腕をあげ、実力的にもこの世代の時代になったと実感できるからである。

(前掲「朝日新聞」より)

猿之助、菊五郎、孝夫という人気男三人の顔合わせ。昼夜とも舞台に活気があり面白い。(中略)新世代による、いい「先代萩」が生まれた。

(「毎日新聞」1985年10月16日・夕刊)

いまやベテランとして歌舞伎界を牽引している40代が、花も実もある人気スターとして認知された。

と同時に、「今月の東京・歌舞伎座はおもしろい」「昼夜とも舞台に活気があり面白い」という専門記者の書きぶりからは、「毎月、これくらい面白ければいいんだが」という願望がにじみ出ている。

第十一章 25歳のお姫様・中村福助

『天衣紛上野初花《くもにまごううえののはつはな》』

1985年12月・歌舞伎座

ヤクザなことを

御年13歳。

1973年刊の『歌舞伎俳優名鑑』から。

名門成駒屋の御曹子にふさわしく品のいい、きっちりした舞台で、歌舞伎ファンの間でも評価が高い。

父だけでなく、一門の総領歌右衛門

『俳優祭・佛国宮殿薔薇譚（べるさいゆばらのよばなし）』のオスカル（5代目中村児太郎）

をはじめまわりが女形ばかりのせいか「女役をやるのが当り前のように思っているようで、いやがらないからその点だけは安心してます」(母 雅子夫人)という。(中略)弟幸二君(※ 現・八代目中村芝翫)をつかまえて、「手の挙げ方が悪い、あそこがダメ、ここも」と、いまから舞台のダメ出し、ちょっとしたマメ家元だが、いっぱしお兄ちゃんぶっているところがまたうれしい。(執筆・高橋鋭次)

九代目中村福助。当時は五代目中村児太郎を名乗っていた。

御年25歳。1985年刊の『歌舞伎俳優名鑑』では、

驚くことは、歌右衛門——芝翫と続く名門中の名門のプレッシャーを感じさせないことです。それはプレッシャーではなく、本当の行儀のよさ、品のよさであるとしてしまうのが児太郎丈の現代性かと思います。


執筆は、作家の橋本治。

小説『桃尻娘』で作家デビューをはたし、昨今は鋭い社会評論でヒット作を頻発させている。

一方、鶴屋南北を卒論にした歌舞伎の専門家だ。

橋本氏は、筆者が絶大な信頼を寄せる書き手である。

高校時代に読んだ『桃尻娘』は、同じ東大卒の庄司薫『赤頭巾ちゃん気をつけて』に匹敵する高校3年生小説（そんなジャンル、あるか？）の傑作だ。

二十歳の筆者が絶大な信頼を寄せていた作家が、絶大な評価を寄せていた女形である。と同時に、結びの文章の解釈に頭を悩ませた。

「どうか、あんまりヤクザなことをしないで下さい。そういう現代性はもう古いですよ」

本家筋への大政奉還

五代目中村児太郎こと、後の九代目中村福助は、名門・成駒屋の御曹司中の御曹司である。

家系はさかのぼるよりも、下る方が理解しやすいので、てっぺんから下におりてみる。

次ページの家系図を、ご参照あれ。

まず五代目中村歌右衛門（1940年没）が、いる。五代目歌右衛門には、2人の男子がいた。

長男が、五代目中村福助（1933年没）

次男が、六代目中村歌右衛門（2001年没）

なぜ次男が六代目を継いだかといえば、長男が享年三十三で早世したからだ。六代目は、稀代の女形として昭和歌舞伎を牽引する存在となる。

次男が襲名した歌右衛門という名跡は、その後、本家筋（早世した長男の直系）に返されるか、それとも六代目の子どもに受け継がれるか。

割合、自然な空気から解決される。

その1。本家筋には、七代目芝翫がおり、その下には2人の息子が控えている。

その2。芝翫とその息子2人、技量あり。

その3。六代目歌右衛門には3人の息子がいるが、いずれも養子である。

叔父と甥でありながら、六代目歌右衛門と七代目芝翫との歳の差はわずか11年。六代目は生涯を歌右衛門でまっとうしたから、ほぼ同世代の芝翫が七代目を継ぐことは考えられなかった。だからその息子の代、とりわけ女形ひと筋で歩み、眉目秀麗にして、技量もついてきた五代目中村児太郎がひと世代とばして七代目となることは暗黙の共通認識だった。

一方、芝翫の名跡は弟の橋之助が継ぐことができる。

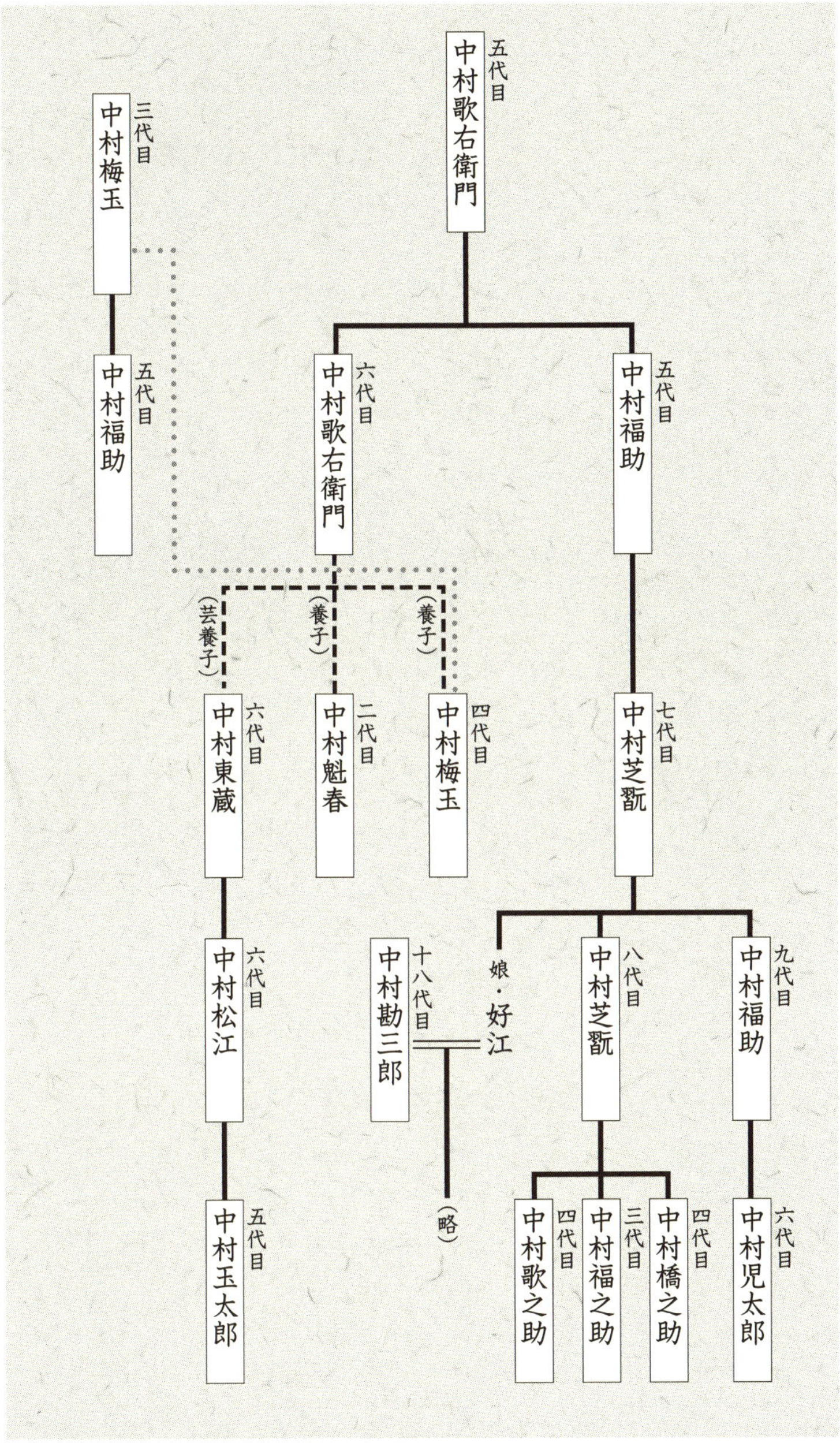
五代目 中村歌右衛門
三代目 中村梅玉
五代目 中村福助
六代目 中村歌右衛門
五代目 中村福助
（芸養子）
（養子）
（養子）
六代目 中村東蔵
二代目 中村魁春
四代目 中村梅玉
七代目 中村芝翫
六代目 中村松江
十八代目 中村勘三郎
娘・好江
八代目 中村芝翫
九代目 中村福助
（略）
五代目 中村玉太郎
四代目 中村歌之助
三代目 中村福之助
四代目 中村橋之助
六代目 中村児太郎

1985年当時の女形は先にも掲げたが、まだ子どもだった世代も加えてスペシャルなところだけをピックアップする。カッコ内は、当時の年齢だ。

六代目中村歌右衛門（68）
五代目坂東玉三郎（35）
五代目中村児太郎（25）
五代目尾上菊之助（8）

この4人に絞られるだろう。それぞれ出自は異なり、

次男
梨園外
本家筋の御曹司
正真正銘の御曹司

オールスターでのお姫様は

１９８５年12月の舞台である。

この月、六代目福助は、『天衣紛上野初花』【くもにまごううえののはつはな】に出演した。猿之助一座のお姫様から、オールスターキャストにおける若手女形となった。

出演は下記の通り。

河内山宗俊＝二代目中村吉右衛門
金子市之丞＝十七代目市村羽左衛門
片岡直次郎＝七代目尾上菊五郎
大口屋抱三千歳＝九代目澤村宗十郎
松江出雲守＝八代目坂東彦三郎
家老高木小左衛門＝七代目坂東簑助
和泉屋清兵衛＝二代目市村吉五郎
上州屋後家おまき＝六代目澤村田之助
暗闇の丑松＝五代目中村歌六
近習頭宮崎数馬＝二代目市村萬次郎

腰元浪路・妾おみつ　＝　五代目中村児太郎（九代目中村福助）

河竹黙阿弥の代表作で、悪のヒーローたちが江戸の街で知略の限りを尽くす。鮮やかな手口でゆすりたかる河内《こうち》山《やま》宗俊《そうしゅん》の悪党ぶりや、「直侍と三千歳」における男女の情話が見どころとなる。

九代目福助の役どころは、腰元浪路と河内山の妾おみつ。

猿之助一座でヒロインをつとめてきた福助にとって、決して重い役とはいえなかった。しかしウォッチし続けている身としては、「存外、いいじゃん」。

「若いころの苦労は、買ってでもしろ」の通り、吉右衛門・菊五郎といった花形スター、ベテランの羽左衛門、女形の演技派である宗十郎・田之助、手堅い脇役の彦三郎・簑助といった面々に囲まれた25歳である。

勉強にならないはずがない。

ここで先に橋本氏が結んだことばである。

「どうか、あんまりヤクザなことをしないで下さい。そういう現代性はもう古いですよ」

目先の先進性だけを追っていると、芸の本道からは外れますよ。

そんな忠告だったのだろうか。そうだとすれば、「猿之助のスペクタクル歌舞伎に出演するのは、そろそろおよしなさい」という意味にもなる。必然的に、橋本氏が猿之助の新機軸を全面的には評価していないということになるのだが。

タカラジェンヌよりも

二十代の九代目福助は、美しかった。

後年、意外な方面からその評価を耳にした。

「中村児太郎って歌舞伎役者、初めて見たんだけどキレイだわねぇ」

発言の主は、宝塚ファン。

「『俳優祭』ってイベントがテレビで放送されてて。そのオスカルがね、負けたわ」

つまり宝塚のオスカルよりも綺麗だったというわけだ。

俳優祭とは、何年かごとに開かれるファン感謝デーのこと。劇場内に模擬店が設けられ、舞台では役者による三味線演奏や長唄、素踊りが繰り広げられる。素踊りとは衣裳をつけない紋服での踊りで、それだけ演者の技量が計られる。

中でも目玉は、笑いタップリのショー。1989年（平成元年）には、『ベルサイユのばら』

のパロディが上演され、当時の五代目児太郎は扮装もそのままに男装のフランス軍近衛隊長に扮した。

　このオスカルは、意外に視聴者の記憶にとどまっている。

　ＮＨＫの公式ＨＰ中「Ｅテレ」の「お願い！編集長」というコーナーで、再放送を希望する番組を募っているのだが。

平成元年、歌舞伎のお祭り俳優祭で演じられた、ベルサイユのばらのパロディー『佛国宮殿薔薇譚（べるさいゆばらのよばなし）』が放映されました。あまりのインパクトに目が点になってしまいましたが、ぜひ、ぜひあの衝撃をもう一度お願いいたします
（モシレチクさん）２０１２年４月７日投稿 40代 男性

当時はまだ児太郎でいらっしゃった福助さん演じるオスカルは、本家宝塚にも負けない美しさでした。ぜひ再放送をお願いします。

（琴平さん）２０１２年４月17日 50代 女性

福助さんのオスカルに、市川右近さんの美声アンドレ。先日亡くなったマリー雀右衛門のおじさん。宗十郎さんも健在でしたね。でかい彌十郎さんの貴婦人とか。ちゃんと「べ

ルサイユのばら」をしようとしてるのに、割り込む義太夫とか。非常によくできた俳優祭の舞台でした。

（junjumさん）2012年4月18日 40代 女性

アドリブらしき笑い（オスカルがキレるシーンとかw）も散りばめられた、たいそう豪華なキャストの舞台でしたね。ぜひもう一度見たいです！児太郎さま、じゃなかった福助さまの美しいオスカルの、宝塚そっくりなラストシーンをもう一度！

（青の魔女ファニーBさん）2012年4月21日 40代 女性

これまでに100超の再放送希望コメントが寄せられている。

襲名発表、療養、そして……

2013年9月。松竹は、六代目が亡くなってから空位が続いていた歌右衛門を、九代目福助が襲名すると発表した。

松竹の歌舞伎公式総合サイト「歌舞伎美人《かぶきびと》」から。

福助が七代目中村歌右衛門を襲名し、女方の大名跡「歌右衛門」が13年ぶりに復活、同時に、児太郎が十代目中村福助を襲名します。親子での襲名披露興行は来年（2014年 ※筆者注）3月、4月の歌舞伎座から始まります。（中略）福助は、「お話をいただいたとき、夢だと思いました。六代目歌右衛門に憧れ、目標にして、女方の道を進んできました。その名前を自分が襲名…、ただただ身の引き締まる思いです」と、緊張の面持ちで話し始めました。「新開場後、初の襲名、名前に追いつける役者になるよう頑張るのみです」と、襲名への決意を力強く語りました。

（2013年9月4日）

わずか3カ月後。

歌舞伎俳優の中村福助（53）が「脳内出血による筋力低下」と診断され、しばらく療養を要することになった。6日、松竹が発表した。

来年1月に東京・歌舞伎座で行われる歌舞伎座新開場柿葺落「壽初春大歌舞伎」（2〜26日）は休演する。

今年11月12日、同座「仮名手本忠臣蔵」の公演後、めまいを訴え、都内の病院で検査。血圧の数値がかなり高かったため、そのまま入院。同公演（13〜25日）を休演していた。今年9月には、女形の大名跡・七代目中村歌右衛門を来年襲名することが決定。来年3、

4月の歌舞伎座新開場柿葺落「三月大歌舞伎」「四月大歌舞伎」で行われる襲名披露は主治医と相談の上、出演可否を決める。

（スポーツニッポン紙のウェブサイト「SPONICHI ANEX」2013年12月6日）

その2週間後。

脳内出血のため療養している歌舞伎俳優中村福助（53）が、来年3、4月の「三月大歌舞伎」「四月大歌舞伎」で七代目中村歌右衛門襲名披露興行を延期することが20日、決まった。また、福助は腰部脊柱管狭窄症（ようぶせきちゅうかんきょうさくしょう）の合併症の治療も受けていることが分かった。同日、松竹が発表した。

脳内出血の治療を受けている福助は、医師から後遺症について「総合リハビリテーションにより、極めて順調に回復している」と診断されたという。

しかし、腰部脊柱管狭窄症の合併症の治療も受けており、継続して治療する必要が生じたという。

（デイリースポーツ紙のウェブサイト「DAYLY SPORTS ONLIN」2013年12月20日）

復帰の目途は、現在も報告されていない。

残念なのは。

「福助といったら、これ」という代表作をまだ残していないことだ。

『かぶき手帖 2017年度版』には、『本朝廿四孝《ほんちょうにじゅうしこう》』の八重垣姫をはじめ、『金閣寺』の雪姫、『籠釣瓶花街酔醒《かごつるべさとのえいざめ》』の八ツ橋などの役どころが挙げられている。いずれも若き時分の華やかさで魅せた役どころである。

代表作が、「俳優祭」でのオスカル様では、あまりにも淋しすぎる。

1986年

第十二章 最後の無頼派・尾上辰之助

『天竺徳兵衛韓噺《てんじくとくべえいこくばなし》』
1986年1月・国立劇場

初芝居は「てんとく」

1986年（昭和61年）の初芝居は、国立劇場公演となった。

勧進元の松竹にとって、いわば役者を派遣するわけだから、本拠地・歌舞伎座よりも出演者の格や人気はかなり劣る。だが新春のご祝儀なのか、この月はかなり豪華な顔ぶれが居並んだ。ちなみに国立劇場には昼夜の別な

『夏祭浪花鑑』（なつまつりなにわかがみ）の
団七九郎兵衛（初代尾上辰之助）

く、同日1回公演である。

国立劇場の初春歌舞伎公演（三日―二十八日）は尾上松緑、辰之助、坂東玉三郎、中村時蔵、富十郎らで、だしものも華やかなものが三本並ぶ。余興にはじめての女優が登場するなど正月らしい番組だ。

（「朝日新聞」1985年12月25日・夕刊）

初代尾上辰之助は、『天竺徳兵衛韓噺』【てんじくとくべえいこくばなし】の主人公・徳兵衛をつとめた。

主人公は、異国に流され日本に戻ってきた徳兵衛さん。朝鮮国王の臣下の息子であることを知らされ、父が果たせなかった日本転覆を諮《はか》るという壮大なドラマだ。「天徳《てんとく》」と通称され、鶴屋南北の立作者（台本責任者）デビュー作である。

正月の国立劇場は3本立で、膨大な脚本の中から有名な一場面が上演された。『天竺徳兵衛韓噺』は、辰之助の実父である二代目尾上松緑が得意とした演目。辰之助にとっては初役となるだけに、注目度は高かった。だが、

ガマの妖《よう》術が見ものの「天竺徳兵衛」。今回は父松緑の型を継いで辰之助が演じたが、体調でも悪いのか、あまり精彩が無い。

（「朝日新聞」1986年1月14日・夕刊）

一番目は辰之助の『天竺徳兵衛』。「宗観館」と「水門」の二場面の上演。後半はまずまずだが、前半の物語に精彩がなく、全体に勢いに乏しい。

（「毎日新聞」１９８６年１月13日・夕刊）

筆者はそれほどとは感じなかった。主人公の徳兵衛が、父親の宗観（朝鮮国王の臣下）から「ハライソ、ハライソ」という呪文とともにガマの妖術を授けられる見せ場がある。実際の舞台では宗観は三代目河原崎権十郎がつとめたのだが、父・松緑が監修をつとめたことは想像にかたくない。当時73歳の父が、40歳の中堅ホープに芸道の神髄を授けているようにも見え、「気合いが入ってるな」と思った記憶がある。

トリオの行く末は残酷にも

ここで「三之助」というトリオについて。

ともに１９４０年代生まれの七代目尾上菊五郎（菊之助）、十二代目市川團十郎（新之助）、初代尾上辰之助の３人を指す。

戦後芸能界の代表格は、美空ひばり・江利チエミ・雪村いづみの三人娘。

アイドルの草分けでは、山口百恵・桜田淳子・森昌子のホリプロ中三トリオ。

政界には、小泉純一郎・加藤紘一・山崎拓のＹＫＫトリオなんてのもいた。

大好きなエピソードがある。

京都の祇園を、若き三之助がホロ酔い気分で闊歩《かっぽ》している。前からやってくる奴が、どうにも気に入らない。

まず不意をついて一発見舞わせるのが、辰之助。向こう見ずで、ケンカっ早い。

倒れた相手に追撃をくらわせ、ぐったりさせるのが菊五郎。ちゃっかり者で、計算高い。

気の毒なその相手、クラクラする頭を振りながら、３人を追いかけ、「この野郎〜」と、しんがりをノホホンと歩いている團十郎に襲いかかる。テンネンで、要領が悪い。

先に挙げたトリオは、いずれも格と人気において残酷にも評価がわかれる。

三人娘では美空ひばりがダントツのスターであるし、中三トリオでは山口百恵。ＹＫＫでは、小泉純一郎がただひとり総理総裁を完走した。

いずれがトリオにも、辛酸なめ子&なめ男がいる。

歌舞伎の神様も、トリオの一人には苛烈な病魔を与え、もう一人にはさらに残酷な運命を背負わせた。

「良い笛を持っている」

61ページの家系図を、いま一度ご覧いただこう。

七代目松本幸四郎は、すごい3人息子を世に遺した。

長男は、十一代目市川團十郎。

次男は、初代松本白鸚（八代目幸四郎）。

三男が、二代目尾上松緑である。

1973年版『歌舞伎俳優名鑑』の二代目松緑評。

> 歯切れのいい明解な台詞、腰の入ったキッパリした動き……、時代・世話・所作、さらに新作と、的確で幅広い芸風は、現代の立者として一時代を築いている。近ごろは、一門のみならず歌舞伎界の師匠として、欠かせぬ人。

後半生には歌舞伎十八番の復活に取り組み、1986年正月公演でも、台本がまったく残されていない『嫐』【うわなり】という古典を復活させている。

そんな松緑の長男・辰之助は、梨園屈指の武器を持っていた。

劇作家・評論家の戸部銀作の述懐である。

素質面での辰之助の最大な長所は、爽やかな声音にある。彼が『勧進帳』の富樫を初役で演じた時、その朗々たる音声に驚嘆した。（中略）松緑は、「おれにはない良い笛を持っている」と、羨ましがっている。

現在の若手俳優を通じての欠点に、謳《うた》うせりふの一本調子の問題がある。近頃七五調のツラネを聞くたびに、十五代目羽左衛門、初代吉右衛門ほかの名調子を思い浮かべる。（中略）その点で期待が持てるのは、辰之助だけである。

（1985年版『歌舞伎俳優名鑑』）

初代辰之助には息子がひとり。二代目辰之助を経て、四代目尾上松緑（1975〜）を襲名した。その長男も、2014年に三代目尾上左近（2006〜）を継いでいる。

ワルの系譜

三之助のうち、著者ダントツの贔屓が辰之助だった。声もさることながら、端正でキビキビした踊りも印象に残る。さらに、ワルの雰囲気を漂わせていた。

1980年代には、どんなジャンルにも無頼のオーラをはなつ異彩が点在していた。

将棋界には芹沢博文八段がいた。早見えの天才肌で、無類の酒好き。フジテレビ系『アイ・アイゲーム』のレギュラー出演など、タレント活動も旺盛にこなした。舌禍事件やトラブルを起こすこともたびたびだったが、裏表のない一本気な性格で愛された。

映画スターでは、勝新太郎にとどめをさす。

映画監督には、五社英雄がいる。

上方落語では、六代目笑福亭松鶴。

プロ野球では、江夏豊。

『空手バカ一代』の原作者・梶原一騎も、無頼派の系譜につらねられるだろう。

初代辰之助の趣味は、ギター演奏とパイプ集め。口跡がいいにもかかわらず、タバコは「1日1箱」。酒は「ウィスキーボトル半分」って、飲み過ぎだ。

正月公演『天竺徳兵衛韓噺』を観劇してから、わずか1年2カ月後。

1987年3月28日、肝硬変による食道静脈瘤破裂にて死去。

享年四十。

葬儀の模様がワイドショーで放送された。

これほどまでに葬儀の席で、罵詈をつらねる姿は見たことがない。

「あのバカ野郎。本当にバカ。親より先に逝って、なに考えているんだ。バカ野郎」

温厚な性格で知られる落語協会会長の柳家小さんからは、無念さがほとばしり出ていた。


ファントムにトラップ大佐、ジャン・バルジャン

『週刊新潮』（1987年4月9日号）によれば、『天竺徳兵衛韓噺』をつとめた翌2月に食道静脈瘤が破裂し、洗面器2杯の血を吐いて病院に担ぎこまれた。アルコール性肝炎、肝硬変に加えて、胃潰瘍も患っていた。

華やかさでは七代目菊五郎に、器の大きさでは十二代目團十郎に一歩譲るが、役者としての天分は前後の世代を見回してもピカイチだった。

前掲の戸部銀作が面白い指摘をしている。


その細かさと、物言う術で他に抜きん出ている辰之助は、歌舞伎、現代劇、翻訳劇のいずれをもこなせるオール・ラウンド俳優として大成するだろう。踊りという、もう一つの長所がある辰之助は、幸四郎の向うを張って、ミュージカルをやったなら、彼の長所のすべてが生かされるとさえ思う。

アンドリュー・ロイド・ウェバーの傑作『オペラ座の怪人』のロンドン初演は、１９８６年。劇団四季による日本初演は、１９８８年。市村正親の主演だった。見たかった、辰之助のファントム。

１９９６年のミュージカル『レント』では、病魔に蝕《むしば》まれながら「人生の一曲」を作曲するギター弾きロジャーが出てくる。ギターといえば、『サウンド・オブ・ミュージック』。トラップ大佐は、名曲「エーデルワイス」を弾き語る。

『レ・ミゼラブル』のロンドン初演は、１９８５年。ジャン・バルジャンには、堂々たる歌唱力とともに深い内面描写が求められる。日本では、滝田栄と加賀丈史のダブルキャストによって、１９８７年に初演された。

辰之助が本格進出していたら、日本のミュージカルは現在とまったく違った勢力図になっていたかもしれない。そう思わせる未完の大器だった。

第十三章

梅幸が七代目菊五郎を継がなかったワケ

『寺子屋《てらこや》』
1986年1月・歌舞伎座

すまじきものは

三大歌舞伎のうち、『仮名手本忠臣蔵』と『義経千本桜』については説明してきた。残る1作が『菅原伝授手習鑑』【すがわらでんじゅてならいかがみ】である。

菅原とは菅原道真のこと。学問の神様であり、権勢をほしいままにしていた藤原家の怒りを買い、九州の大宰府に流される。ただし

『藤娘』の藤の精
(7代目尾上梅幸)

主人公は菅原道真ではない。

主人公は梅王丸・松王丸・桜丸という三つ子兄弟で、それぞれが藤原家側と菅原家側（芝居では「菅家《かんけ》」）についている。実の兄弟が敵味方引き裂かれているわけだ。

作中もっとも有名なのが、『寺子屋』の段。

主君の幼子である菅秀才は、寺子屋のお師匠さんである武部源蔵さんのもとに身を寄せている。しかし藤原家から「首を差し出せ」とのお達しが。やむなく源蔵さんは、手習にきている子どもたちを物色する。身代わりを探しているのだ。つい、「すまじきものは、宮仕えじゃなぁ」（＝勤め人って、つらいよなぁ）と愚痴が口をつく。

だが「いずれを見ても、山家育《やまが》ち」。どの子も田舎っぺ丸出しだから、主君の幼子ですと生首を差し出しても信じてはもらえない。

そこにグッドニュース。自分の留守中に品の良さげなマダムが、「今日からよろしく」と品のいい美少年を預けにきたのだ。源蔵の眼が、キラリーンと輝く。

『寺子屋』の段で、重要な意味を帯びるのが「首実検《くびじっけん》」というならわしである。

江戸時代の身元確認法

現代のような顔写真もなく指紋照合もできなかった時代にあって、その当人の生首であるという確認作業、それが首実検である。生前の面立ちを知る者が、「これは本人です」とお墨付きを与えるわけである。

主君の幼子の首実検に駆り出されたのが、藤原家側につく松王丸さん。

しげしげと眺めた後に、

「こりゃ菅秀才の首に相違ない。相違ござらぬ。でかした源蔵、よく討った」。

だが。

留守中に美少年を預けたのは、松王丸の妻。つまり松王丸は、藤原家につきながらも、心根は菅家の側にあり、自分の子どもを身代わりに差し出したのだ。

首実検では我が子の生首を眺め、「よくぞ討った」と声をふりしぼる。

自己犠牲。ならまだマシだ。

我が子犠牲。いたたまれない。

こういう封建制の際たる行為は、1980年代にはひどく評判が悪かった。

フジテレビが「面白くなければ、テレビじゃない」というキャッチフレーズを打ったのは、1981年のこと。

佐野元春の「SOME DAY」がリリースされたのも、同年。1980年代は、ステキなことはステキだと無邪気には笑えなかった。だからこそ歌詞に残し、強い共感を得た。

皮膚感覚で、憶えている。

矜持とか、伝統とか、格とか、しきたりとか、見栄ということばがまだ生きていた。

そんなものに反発していた筆者に、『寺子屋』は圧倒的な存在感で迫ってきた。

なんだ、この壮絶な筋立ては？

驚き、おそれおののいた。

アホやないかと思う。かつての主君の子どもが討たれるっていうわけだ。

「仕方ない」と観念すれば良いだけだ。

でも何とかしたくて、よりによって自分の子ども（推定6歳）を身代わりに差し出し、まじまじと生首を見るなんて。

東京・東銀座の歌舞伎座から、筑波の下宿に戻るまでの3時間、松王丸の決断についてずっと考えた。

「でかした源蔵、よく討った」

七五調になっているから、何度も何度もこの台詞が浮かんできた。

いい芝居を見たとは、露《つゆ》にも思わなかった。

とんでもなく凄惨で、すごい芝居を見ちゃった。そう思った。

母親の心境はいかばかり

くだんの正月公演は、ゴルフでいえばマスターズという配役となった。

舎人松王丸　＝　十三代目片岡仁左衛門
武部源蔵　＝　十七代目市村羽左衛門
松王女房千代　＝　七代目尾上梅幸
源蔵女房戸浪　＝　四代目中村雀右衛門

松王丸は、現・仁左衛門の実父で当時83歳。主要4役が、オーバーorアラウンド70であり、全身からにじみ出る苦悩や煩悶が味わえた。

父親もさることながら、首を討たれることを承知で我が子を寺子屋に連れて行った母親の心境もいかばかりか。

松王の女房・千代。

扮するは、七代目尾上梅幸（1915〜1995）。名人と謳《うた》われた六代目尾上菊五郎の養子にして、現・七代目菊五郎の実父である。立女形《たておやま》と分類される女形で、『仮名手本忠臣蔵』の塩冶判官（浅野内匠頭）など時に立役にも扮した。

芸風は、端正。
万事控えめで、舞台をシメる安定感がある。
身長160センチ。絶世の美男とはいえないが、品格ある顔立ちをしていた。

徴兵検査がキッカケで

日本経済新聞の名物連載「私の履歴書」から引く。

実父は鍋倉直といって九州出身の実業家と聞いており、実母は寺田きんという。(中略)私は生れ落ちると同時に菊五郎家へもらわれていったのだそうで、生まれる前にもらう約束があったらしい。(中略)十五歳ごろのことだったと思う。ある夏の日、婆やのおすわと鎌倉の別荘へ行っている時、父の弟子の子役某が私に向かってこんなことをいい出した。

「坊ちゃん、あなたは旦那(菊五郎)のほんとのお子さんじゃないというわさを聞きましたが、ほんとうですか」

これには私もギョッとした

確信したのは、二十歳の折だった。

徴兵検査を受けるについては、戸籍謄本をとりよせる必要があり、前もって区役所からとりよせてよく見ると、果たして私が寺島家の養子であることがわかり、「ああ、やっぱりそうだったか」と思った。（中略）父母はこのことについて何も語らず、私も聞かず、お互いが暗黙のまま父母は世を去り、今日にいたっている。

（『私の履歴書 文化人14』日本経済新聞社・1984年）

昭和の時代には養子縁組がそれほど珍しくはなかったことは、すでに触れた。まして梅幸は大正生まれである。

そこで個人的な疑問あり。

なぜ物心ついた折に「これこれこういう理由で、お前は我が家に養子に入ってもらったんだよ」と説明しなかったのか。一般人ならともかく、歌舞伎役者なら長じて養子縁組は明らかになる。

六代目レースの行方は？

本書でもとりわけ古い時代の記述になるので、元号で記す。

大正10年に四代目尾上丑之助で初舞台を踏み、三代目菊之助を経て七代目梅幸を襲名したのは昭和22年。その2年後、養父である六代目菊五郎が亡くなった。爾来《じらい》、七代目菊五郎の最有力候補と目されていた。

だが。

梅幸は大正4年に生まれたと同時に養子に入ったが、その7年後、それまで子宝に恵まれなかった六代目菊五郎に待望の男子が授かった。37歳の折だった。

実子は、尾上右近の名で初舞台を踏み、二代目尾上九朗右衛門を襲名する。

「七代目菊五郎の候補者は、3人いました。長男である梅幸、実子である次男の九朗右衛門。そして六代目の長女・久枝さんと結婚した十七代目中村勘三郎です」

ベテラン演劇記者からうかがった話である。

「まず九朗右衛門さんは、実力の点で適格ではなかった。やはり六代目の実子というプレッシャーがあったんでしょう。ですからむしろ歌舞伎以外の映画や新派、東宝系の舞台に立つようになり、アメリカと日本を行ったり来たりという生活を送るようになります」

十七代目中村勘三郎については、

「もともと勘三郎という名前は、芝居小屋の座元。襲名するのに適当な名跡もないから、当人は七代目を継ぎたかったでしょう。だが菊五郎劇団から反対の声があがりました。勘三郎さん本人は六代目菊五郎を崇拝していましたが、ライバル関係にあった初代中村吉右衛門の実弟ですからね」

かくして尾上梅幸ひとりが最有力候補として残ったが、

「芸風もそうですが、人柄も温厚で控えめ。養子の自分が六代目を襲名したら、やっかみが生じる。梅幸さんはそれがわかっていた。身を捨ててこそ浮かぶ瀬もあり、です」

身を引くことは、もうひとつの意味があり、

「七代目は息子の現・菊五郎さんという路線を、既成事実にすることができた。養子ではありますが、長男が身を引いたからには、それをくつがえす道理はない。名を捨てて実をとったわけで、将来、八代目もお孫さんの現・五代目菊之助くんが継ぐのは確実です」

「退屈な芝居」どころか

1986年1月に観劇した『寺子屋』には、二十代三十代の役者にはかもしだせない厚みがあった。重々しいというだけでない。喜怒哀楽さまざま入り乱れた人間の内面を、ベテラン勢

が地に足のついた演技で再現させた。

梅幸は、我が子を身代わりに差し出す女房・千代に扮した。

親子の情とは？

血縁がなければ本当の親子と認められないのか？

師匠に仕えるとは、どういうことか？

自分を捨てるということは時に必要なのか？

平凡な日常を送る筆者などはついぞ考えたことがない人生の難題を、梅幸は若いころから抱き続けていた。

経験に裏打ちされた演技や表現は、机上の論理に勝る。

三十年余りの歳月を経ても、この月に観劇した『寺子屋』が印象に残っている。

正月の歌舞伎座公演は、「古くて、動きが少なくて、退屈な芝居」と予断していた『寺子屋』が、存外にというより抜群に面白く、成立から240年を経ても筆者の胸を打った。

翌2月。

歌舞伎座から徒歩5分足らずの新橋演舞場では、『寺子屋』とはスタイルもテイストも180度真逆の新機軸が幕を開けた。

第十四章 スーパー歌舞伎は猿之助の集大成か？

『ヤマトタケル』
1986年2月・新橋演舞場

シェイクスピア＋ワグナー

1986年2月の東京・新橋演舞場公演は、歌舞伎にまったく興味のない層の耳目を集め、テレビでは特集番組が組まれた。その盛り上がりは、前年の十二代目團十郎襲名と同等か、あるいはしのぐほどだった。

スーパー歌舞伎『ヤマトタケル』。

ヤマトタケル
（3代目市川猿之助）

1日2回上演にして、2カ月ロングラン公演。花形スターの助っ人はなく、ケレンの大先達である三代目實川延若（1921～1991）が客演した純正・猿之助一座で固められた。

猿之助歌舞伎の集大成ともいえる『ヤマトタケル』を観劇した直後の感想は。

面白いかと問われたら、「面白くなくはないが」。

もう一度見たいかと訊かれたら、「一度でいい」。

面白い演劇とは何かを、深く考察するきっかけとなった。

スーパー歌舞伎史について詳細に記録した光森忠勝『市川猿之助　傾き一代』（新潮社・2010）から、『ヤマトタケル』成立の経緯をまとめる。

●三代目猿之助と哲学者の梅原猛は、1972年からの知り合いで

●梅原は、「歌舞伎にいい脚本がない」と嘆き

●猿之助は「それなら先生が書いて下さいよ」と軽い気持ちで言った

●1980年の夏。『古事記』の現代語訳を手がけている梅原から電話があり

●「ヤマトタケルを題材にしたら、面白いのではないか」

第一稿が猿之助のもとに郵送されたのは、1981年3月のころで、

梅原氏から電話帳ほどの厚さのある原稿が送られてきた。読んだ。あまりの面白さに圧倒されながら、一気呵成に読了した。猿之助は夜中になっていたが、すぐ電話して「先生、すばらしい！」と叫んで、叩き起してしまった。まさに、猿之助が思っていたとおりの、シェークスピア（原文ママ）のセリフにワグナーのスケールの大きさがある脚本である。これほどの脚本が出来上がるとは想像してなかった。

（『市川猿之助 傾き一代』より）

哲学者・梅原猛の業績については、ここで繰り返す必要はないだろう。筆者自身も『隠された十字架』『水底の歌』などの著作を愛読し、「面白れぇなぁ」と感嘆したクチである。だが芝居と論文は違う。脚本が、筆者の求めるテイストとは違いすぎていた。「シェイクスピア＋ワグナー＝ヤマトタケル」とは、到底思えなかった。

野球の場合、時速１００キロのゆる〜いチェンジアップを見せてから、１５０キロの内角ストレートを投げこめば、ズバッと決まる。速球一辺倒では、バッターの目が慣れてしまう。芝居とて同じこと。

主人公の言動やストーリーの主軸をなぞるだけでは成立しない。脇役やどうでもいいようなエピソードをからめ、観客の注意を引いたり休ませたりしながら、終幕にうま〜く関連づけてこそ、カタルシスが得られる。

「リア王」の幕開けは

本章を記すにあたって、再演版『ヤマトタケル』(2005年・新橋演舞場)のDVDを鑑賞した。初演時から幾度も改訂されているだろうが、本章の記述は本DVDをもとに記す。

まずは発端。つまり幕開け。

舞台は、大和国《やまとのくに》。帝には双子の皇子がいたが、家庭不和あり。傲慢な兄が、こともあろうに父帝を亡き者にしようと目論んでいた。

こんなお家騒動を、どう幕開けさせるか?

筆者には、作劇の能はない。が、長年、芝居や映画を鑑賞し、小説も紐どいてきた身として思いつくのは、

●下々の者に「天子様の御子にも、困ったものじゃ」と井戸端会議させる
●宮中の女官に、「お聞きになりました?」「例のことですね」と噂話をさせる
●厩係が帝の愛馬に「お前には、御子がお乗りになるのだろうか」と語りかける

このくらいは選択肢として考える。

シェイクスピアの『リア王』は、こんな風に開幕する。福田恆存の訳にて。

ケント　：王にはコーンウォールよりアルバニー公の方がお気に入りかとばかり思っていたが。

グロスター：事実、誰の目にもそう見えた。が、こうして愈々《いよいよ》領地分配という段になると、いずれを重んじておいでなのか、よく解からなくなった。飽くまで平等のお計らいで、両者の取分いずれなりとも好きに選べと言われたら、如何に目のきく男でも迷わずにはおられまい。

ケント　：あれは御子息では？

グロスター：育てたのは如何にもこの手です。問われて吾が子と答える度に赤面し、この頃ではすっかり面の皮が厚くなってしまいました。

ケント　：何の謎か、さっぱり呑込めませんが。

ケント伯爵は、リア王の忠臣。諫言がもとで追放されるが、変装してまで王に仕える。グロスター伯爵は、妾腹の子の姦計により嫡子を追放される貴族。コーンウォールは、リアの次女リーガンの夫。アルバニー公は、長女ゴネリルの夫。人間関係も、なにが騒動になっているのか、さっぱり解からない。

しかし何かで悩んでいることだけは、理解できる。

それでいいのだ。

みな正直者

肝心かなめの出だし、『ヤマトタケル』ではどうだったのか?

延々と、喋り倒すのである。

誰が?

主役・悪役・準主役といった当事者たちが。

●父帝が、「長男が朝ごはんを一緒に食べないな」と愚痴る

●側近は、「具合が悪いんでしょう」とその場を取り繕う

●父帝は、双子の弟に、兄を諫めるように命ずる

●弟は、兄の館に出向く

弟タケルは、とぼとぼと歩きながら、

「困ったことになったなぁ。それにしても賢い兄上がなぜ大切な朝餉《あさげ》の席に出仕なされないのだろう。これには、なにかすごい思惑があるに違いない。兄上と私は瓜二つだが、心は大違い。そんな兄上を説き伏せるのは、まことに難しいことだ。

こういう時、母上がいてくれたら。

我ら兄弟に幼い時に母と別れ、父上は新しい母上をお迎えなされた。その大后さまは腹違いの弟を産んでから、我ら兄弟との仲はしっくりいかなくなってしまった。兄上が朝餉の席をお休みになるのも、そのあたりにワケがあるのかも知れぬ。とにかく兄のもとに急ごう」

●兄は、弟に「オレと組まないか？」

●「父ちゃんはオレたち兄弟を遠ざけて、後妻の子どもを即位させようとしている」

●弟は、「兄上は、狂ってる」と、白刃をグサリ

●弟は、兄殺害を父帝に報告
●父帝は激怒し、弟に九州のクマソ征伐を命ずる

主人公タケルのヤマト国追放まで、およそ10分（筆者実測値）。えらくスピーディなのである。

すべてが当事者本人の口から、語られる。

登場人物は、みな正直者。皆が皆、本心を自らの口で喋り倒す。腹に収めることもないし、性根を悟られないように諮《はか》ることもない。

2カ月で15万人。一等席は9500円

製作側も悩んだだろう。

『ヤマトタケル』は、2カ月のロングラン公演でトータル110ステージ。新橋演舞場のキャパは、およそ1400席。連日満員なら15万人の観客を呼びこまなければならない。べらぼうな動員だ。

しかもひと月あけた5月には名古屋・中日劇場、翌6月には京都・南座での公演も決定していた。一等席は9500円。

考えられない。

猿之助ファンだけでは真っかっかな赤字になるのはもちろんのこと、歌舞伎ファンだけでも収支はおぼつかない。小劇場を含めた演劇ファンでも、15万人は無理筋だ。テレビの時代劇好きや、こみいった小説は読まないという観客を呼び込まなければならない。

そこで解かりやすくした。

だから物足りなかった。

その結果、単線という欠点が浮き彫りになる。

ドラマには、細部や伏線が不可欠だ。しかし『ヤマトタケル』は、タイトルロールの山あり谷ありを終始追う。

●クマソ征伐を命じられて、「オッケー」。

●蝦夷《えみし》征伐を命じられ、「イエス、サー」。

●伊吹山の山神を討つように命じられ、「ラジャー」。

ファミコンのゲームに興じているようだ。

宙乗り＝宣戦布告が

幕切れに、絶命したヤマトタケルが白鳥になって空高く舞いあがる。

お待ちかねの宙乗りだ。

ここにも居心地の悪さを抱かざるを得なかった。

三代目猿之助の宙乗りには、2つの必然があった。

まずストーリーにからめて。

『義経千本桜』での狐忠信は、義経を討とうとしていることを知らせるために、空高く飛んで難を伝える。『菊宴月白浪』の斧定九郎は追っ手から逃れるため、空に逃げる。

『ヤマトタケル』では？　絶命したタケルは白鳥に変身したので、空を舞いあがる。理屈は通っている。しかし物語には、溶けこんではいない。

もうひとつは理念だ。

三代目猿之助がケレンをマイウェイと定めた時代、歌舞伎は大仰《おおぎょう》でゆったりして退屈でエラそうな伝統芸能と思われていた。猿之助は、もっとスピーディに、もっと楽しく、もっとダイナミックに、をモットーとした。

だから本水《ほんみず》（本当の水）を浴びて、ズブ濡れになった。

早替わりで、何役も兼ねた。

バッサバッサとなぎ倒さんばかりのハデな殺陣《たて》を繰り広げた。

上下《かみしも》と花道に限定されていた舞台空間を、宙に求めた。

視覚的効果もさることながら、これらはすべて「他の役者がやってるような、ヌルい歌舞伎とは違うよ」という宣戦布告であった。

第三章で、七代目菊五郎の宙乗りが、心に響かなかったと記した。

菊五郎は正統派を自任して、その後もケレンの方向を歩む役者ではなかった。いいとこの御曹司が、不良ぶっているように映った。かつての三代目猿之助のような悲壮感がなかった。猿之助にとって宙乗りは、役者としてのライフラインであった。

そんな猿之助ではあるが。

スーパー歌舞伎では、宙乗りが自分の芸道観を伝える手段ではなく「目的」と化してしまっていた。ワイヤーで吊るされること自体が、お約束になってしまった。

『水戸黄門』の葵の印籠になってしまった。

ニンゲンではないピーター・パンくん

宙乗り自体は、当時にあっても珍しい演出ではない。榊原郁恵だって、1981年初演のミュージカル『ピーター・パン』でフライングしていた。

だから「ワイヤーで吊るされているだけじゃん」という批判がいつかは出てくる。

この点、猿之助はさすがで、宙乗り自体にも趣向を凝らした。第四章でも記した『菊宴月白浪』では、いったん三階席まで天翔《あまか》けた後、上手側から今度はステージに天下る。三人同時の宙乗りなんてのもあった。

だがそうそう新趣向を思いつくわけにもいかず、次第にアイディアに詰まる。でも観客は、「猿之助といったら宙乗り」。止めるわけにはいかない。手段であるはずの宙乗りが、それ自体が目的となってしまった。

一方で、フライングはミュージカルにおける重要な演出術として長足の進歩をとげる。本場ブロードウェイの再演版『ピーター・パン』（1990年）には、ぶったまげた。

フライングで絶対重要なのは、ワイヤーをからませないことだ。いったんからんだら、生命の危険にもかかわる。なのだが、ピーター・パンだけでなく、ウェンディをはじめ子どもたちもロケットのように宙に舞いあがり、どうやってからまないように細工しているのか理解不可能なほど自由自在に天をかけめぐる。

スゴかったのは、ピーター・パンくんだ。

クルクル回転、ポーズを決めてグイーッと旋回、客席にまでせり出して魔法の粉を振りかける。ニンゲンわざではない。

それもそのはず。主演のキャシー・リグビーは、メキシコ＆ミュンヘン五輪にも出場した元・女子体操選手。フライングそれ自体が、最上級のエンタテインメントの高みにまで昇華された好例である。

ひとり三役を兼ねて

当たり前のようだが、痛感したことが2つある。

ひとつは、台本の良し悪しだ。

鶴屋南北の作品でも、優劣がある。さらに長～い台本を3時間半から4時間ほどに刈りこまなければならない。この点、昭和の歌舞伎界は、ベスト・パートナーに恵まれていた。

早稲田大学教授をつとめた郡司正勝（1913～1998）。歌舞伎にとどまらず芸能一般研究の草分けであるが、研究だけでなく舞台づくりの実地の能にもたけた。鶴屋南北の作だけでも、国立劇場において、

『桜姫東文章』【さくらひめあずまぶんしょう】
『阿国御前化粧鏡』【おくにごぜんけしょうのすがたみ】
『盟三五大切』【かみかけてさんごたいせつ】
『貞操花鳥羽恋塚』【みさおのはなとばのこいづか】

『法懸松成田利剣』【けさかけまつなりたのりけん】

これらの復活上演を手掛けてきた。復活狂言にかける三代目猿之助を、台本の補綴・演出で支えた知恵袋だった。

ふたつ目は、プロデューサーの存在だ。

芝居は、演じる役者・演出や音響照明などのスタッフ、そして人員や製作費をやりくりしながらダメな時にはダメを出すプロデューサーが三位一体となって完成する。三代目猿之助は、この三役を一手に引き受けてきた。おそるべき才能であり、気力・体力である。

何から何まで初めて尽くしの『ヤマトタケル』において、プロデューサーとして忙殺されたことは、前掲の『市川猿之助 傾き一代』に詳しい。

『ヤマトタケル』は、「作：梅原猛／台本：市川猿之助」である。

プロデューサーとしての労力を台本に向けることができたなら、単線に終始しない構成にできたかもしれないと思う。

と同時に、観客動員15万人である。あえて、単線の解かりやすい展開にしたとも思えなくもない。『菊宴月白浪』や『義経千本桜』レベルを理解できない層を集客しなければ、首都圏だけで15万人にはならない。商業演劇ゆえ、避けられない運命だ。

結果的に歌舞伎を超える高みに向かうはずが、大衆ウケする和風ミュージカルになってしまった。

「猿之助歌舞伎」というブランド

結果的に、『ヤマトタケル』は松竹のドル箱に育った。

2カ月ロングラン公演が終了した同じ年の10月には、新橋演舞場で早くも再演される。三代目猿之助の加齢とともに弟子の市川右近(現・市川右團次)や甥である四代目市川猿之助に受け継がれ、現在までに26公演も上演されている。

それだけ観客の支持を受けているという証左で、観客が『ヤマトタケル』を是としたことは間違いない。

本章を執筆するにあたって、改めてDVD版を10回観賞した。やはり初演時に抱いた「単線の台本」「手段が目的化した宙乗り」に違和感を抱かざるを得なかった。

「無印良品」がセゾン系の店舗で販売をはじめたのは、1980年のこと。1983年には東京・青山に直営店をオープンさせ、翌1984年には西友のインショップとなり、ブランド名によらない高品質がウケた。

だが次第に無印良品自体がブランド化してしまった。

三代目猿之助は、名ばかりの伝統にとらわれず面白いことならなんでもやってやろうという試みで受け入れられた。
しかし次第に、「猿之助歌舞伎」という存在自体がブランド化してしまった。

第十五章

塩冶の無念を凝縮させた中村芝翫

『仮名手本忠臣蔵《かなでほんちゅうしんぐら》』
1986年2月・歌舞伎座

2つの切腹のビミョーな違い

新橋演舞場の『ヤマトタケル』が大入り満員に沸いた2月。

歌舞伎座では、『仮名手本忠臣蔵』の通しをオールスターキャストで座組した。

大星由良助に、十二代目市川團十郎。團十郎は、桃井若狭之助と斧定九郎も兼ねた。

勘平&お軽には、十五代目片岡仁左衛門&

塩冶判官
（7代目中村芝翫）

五代目坂東玉三郎の孝玉コンビ。

敵役の高師直には、実力派の五代目中村富十郎。

すべての発端となる刃傷沙汰を起こした塩冶判官に扮したのが、七代目中村芝翫（1928〜2011）である。

『仮名手本忠臣蔵』を通して観劇するのは、この月がはじめて。通しで見て、ようやく物語が身体にしみわたった。構成の美しさに痛み入った。

良きモノは、フォルムが美しい。

『仮名手本忠臣蔵』も、その好例だ。

全十一段（11幕）のうち、前半はお武家さまが「あ〜でもない」「こ〜でもない」と奔走する時代物。後半が、町民・農民・山賊がうごめく世話物《せわもの》。この前後半の構成は、江戸歌舞伎の約束事で、「忠臣蔵」だけの特徴ではない。

前半&後半に、それぞれ切腹の場面がもうけられている。

ともに忠臣側から見れば、まことに残念な切腹であるのだが、細部がビミョーに異なっているので、観客もビミョーに違った印象を抱く。

	時代物	世話物
切腹したのは	塩冶判官（藩主）	早野勘平（藩士）
切腹の場面	四段目	六段目
切腹の理由	殿中で刃傷沙汰	義父殺し
犯行の動機	妻を侮辱・挑発されて	鉄砲の誤射
被害者	高師直（悪いヤツ）	義父と思われたが、実は山賊

同じ切腹でも、塩冶判官は自業自得だ。

藩主でありながら、奥方にちょっかいを出されたり、「鮒侍《ふなざむらい》じゃ＝（魚のフナみたいにふくれっ面している）」と挑発されて松の廊下で刀を抜いてしまう。

ブチ切れ殿様である。

一方の勘平は、やるせない。

山崎街道という山道で、猪を仕留めようと、鉄砲をズドン。

暗闇のことで、駈け寄ってみると、街道を往く人を誤射してしまっていたようだ。後に妻お軽の父親が死体となって発見された。

「ああ、オレは義理のおとっつぁんを殺《あや》めてしまったのか」

かくして、腹をドバ。血がドピュー。

すると「ちょっと待てよ」との声。義父の死体は刀傷。勘平が殺めたなら、鉄砲傷がついているはず。

ガチョーン。

そしたら、もうひとつの死体が見つかったとの知らせあり。そいつぁ、藩きっての不忠者の斧定九郎。そうか！　義父は定九郎に襲われ絶命し、勘平はその定九郎を鉄砲で仕留めていたんだ。

勘平は、義父の仇討を果たしたんじゃん！

役者の力量が白日の下に

舌を巻く趣向もほどこされている。

切腹の直前、塩冶判官は、信頼する国家老・大星由良助に遺言を託そうと念じている。

東海道を、大星は走る。メロスのように。でも、まだ到着しない。切腹の刻限は、とうに過ぎている。

「由良助は、まだか？」

「いまだ参上、つかまつりません」

観念して、刃をグサリ。血がドピュー。

そこに大星、参上。こうして「遅かりし、由良助」というキャッチフレーズが誕生した。最近ではめったに使われなくなったが、新宿アルタ前に夜7時集合ということで、5分遅刻した由良助クンに「遅かりし、由良助」なんて言ったものだ。

一方の勘平は、「早まりし、勘平」。事実を冷静に見きわめ、熟考をかさねていれば死ぬこたぁなかった。不思議なことにこちらは、新宿アルタ前に「30分も早く着いちゃったよ」と頭をかく勘平クンに「早まりし、勘平」とは言わない。

この四段目は、お殿様が腹かっさばき大星が遅れて参上するまでが最大の見せ場になる。まったくもって地味な幕なのである。

鳴り物は、三味線一丁きり。しかも長い。だからこそ、役者の力量が問われる。

誰の?

刀を手に、ひたすら大星の到来を待つ塩冶判官。

すなわち、七代目中村芝翫だ。

現代的な解釈を退ける気高さ

七代目芝翫を含む家系図は、長男の九代目中村福助を紹介した105ページに掲げた。祖父である五代目中村歌右衛門の直系の孫でありながら、父が早世し、叔父が六代目を襲名したため、三代目歌右衛門の俳号の芝翫を名乗った。俳号とは俳句を読む際の名前で、息子や門弟に次代を名乗らせるために、功成り名を遂げた花形役者が一丁あがりで襲名することが多い。前の章で触れた「梅幸」も、もとは初代菊五郎の俳号である。

叔父にあたる六代目歌右衛門とは11歳違いと年齢が近く、実父と同じようについぞ歌右衛門の名跡は継ぐことはなかった。

1973年版『歌舞伎俳優名鑑』において、当時45歳の芝翫はすでに芸を確立させた名人クラスとして紹介されている。執筆は、前章でも紹介した郡司正勝だ。

芝翫は、すでに、深さと広さを、自然と身につけてしまった。襲名の機会は、それにジャンプ台を与えた。このとき、その大きさと厚みが、にわかに、くっきりと積極性をもって浮び上ってきたのである。襲名披露の『鏡獅子』は、みごとな存在を主張する古典味が賞讃された。

かぶきの危機は、彼によって、もう一つ立ち退いたことになる。

1986年当時、七代目芝翫は58歳。

非常に記憶に残っている。

切腹の場面では、劇場内が静まり返っていた。ノドが渇いた。

劇場内の眼すべてが、塩冶判官に扮する芝翫の一挙手一投足に注がれていた。

そこでハタと思い当たる。

「忠臣蔵」という大騒動の発端は、なんだ？

塩冶判官のブチ切れだ。

じつに迷惑な殿様で、たった一度の短気で多くの藩士や家族が路頭に迷い、ある者は命をおとし、ある娘は苦界《くがい》に身をしずめた。

こらえ性のないボンボンだ。

しかし。芝翫の切腹には、そんな現代的な解釈をしりぞける力があった。

気高かった。

「ああ。こんな殿様に託されたからこそ、大星はなんとしても仇討本懐を遂げなければならなかったんだなぁ」

下級武士にとっては理不尽で過酷な仇討が、腑に落ちた。

手首の動きひとつにも

動きも少なく、名台詞は「由良助はまだか」ぐらいしかない。だからこそ並の役者にこなせる役どころではなかった。

わかりやすい説明なので、桂米朝のCD『特選！米朝落語全集 第四十集　蔵丁稚／いもりの黒焼』（東芝EMI・1993年）のブックレットから引く。

「忠臣蔵」には切腹が二度ある。四段目の判官切腹と六段目の勘平腹切。この二人の腹の切り様は区別しなくてはならない。判官の切腹は、一種の儀式であり、手順も決められており、検死の上使も傍にいる。まず切腹の座について、肩衣を脱ぎ、その二本の襟先をぶっちがいにして両膝の下に敷き、次に上着の両肌、更に襦袢の両肌を脱ぐ。それから、力弥（大星由良介の長男）の持って来た腹切刀をのせた三宝から、右手で九寸五分を取って紙に巻く。この時、あまり手首を動かさぬように、右手の親指で短刀を返すのが、品位を落さぬ心得とされている。

後半の刀の持ち方を、ためしにやってみた。包丁ではコワいので、物差しで。半紙がなかったので、ティッシュペーパーで。

むずかしい。紙がよう巻きつかん。

当代きっての塩冶役者である七代目芝翫も、稽古場で何度も短刀に紙を巻きつけていたんだな。手首を動かさないように。親指にそっと添えて。

素人ゆえ見逃しがちな細部にこそ、ステップアップされた芸がある。パッと目にわかる趣向、ダイナミックな立ち回り、奇をてらった演出。そんなわかりやすさに「これでいいのだ。歌舞伎なんだもの」と割り切っていた筆者だが、初観劇から1年半を経過し、「一見わかりにくい中にも、先人&当代の役者が精進してきた賜物が隠されている」。素直にそう認めはじめていた。

大学2年が、そろそろ終わろうとしていた。

最後に、歌右衛門一族のそれぞれの好きな花・好きな食べ物を記す。

	好きな花	好きな食べ物
六代目歌右衛門	どんな花でも	天ぷら
七代目芝翫	フリージャー	ふぐ・すっぽん
九代目福助（当時・五代目児太郎）	バラ	生もの（刺身等）

八代目芝翫（当時・三代目橋之助）赤いバラ　肉類・中華料理
（1985年版『歌舞伎役者名鑑』より）

叔父・甥と父子なのに、てんでばらばら。
「フリージャー」には育ちの良さが垣間見え、「ふぐ・すっぽん」には意外とネチッこそうな性根がうかがえる。

第十六章 上方の名門・中村扇雀と江戸ケレンの意外な共通点

『恋飛脚大和往来《こいびきゃくやまとおうらい》』
1986年4月・歌舞伎座

暉峻西鶴と谷脇西鶴

本書を手に取られた若い読者の中には、歌舞伎や演劇を専攻しようと考えている学生もいるだろう。「卒論って、何を書けばいいんだ」と悩んでいる文学部生もいるだろう。そんな仔羊たちに向けて記す。

1986年4月、大学3年に進級した。「卒業論文調査」には、「専攻コース（日本

亀屋忠兵衛
（2代目中村扇雀）

文学）　時代区分（近世文学）　テーマ（歌舞伎）」と記した。

事務局から、「卒論の主査を担当する教授と、面談するように」と連絡がきた。

指導教官は、谷脇理史《まさちか》教授（１９３９〜２００９）。

早稲田大学第一文学部出身。井原西鶴研究の第一人者だった。

4歳年長で、先年文化勲章を受章した中野三敏・九州大学名誉教授が、『師恩　忘れ得ぬ江戸文芸研究者』（岩波書店・２０１６年）というエッセイ集を上梓している。

「谷脇理史君」という1章があり、

論文はやたらと緻密で、しかも他人の読みとばしてしまいがちな細部に目が届き、出世作は確か西鶴の作品の内《うち》目次の章段の数字を二重枠でかこんであるものと一重のものがあるというどうでも良い様な辺りから説き始めて、見事にその草稿に二つの系列があるという結論を導き出して、暉峻《てるおか》西鶴（※）の弱点をつき、今では谷脇西鶴が若手研究者の第一の目標となるという所まできているのだから立派なものである。

※早稲田大学名誉教授の暉峻康隆（１９０８〜２００１年）による井原西鶴研究の総称。暉峻教授は谷脇教授の師匠にあたる。

卒論なんてカンタンで

筆者の学部は、1学年80人。うち日本文学科の学生は、13人。

しかし、近世文学(江戸文学)は人気がなかった。

同期の中で、専攻は筆者ひとり。

それどころか、じつに4年ぶりの専攻生だった。

初対面の席で、どうしても訊きたいことを谷脇教授に尋ねた。

「卒論って、なにを書けばいいんですか?」

「そんなのカンタンな話で」

1本目に着火する。ヘビースモーカーだった。猛烈な勢いで紫煙を吸いこみ、

「まず作家を決める。で、その全集をぜんぶ読む。ぜんぶ読み終えたら、どの作品を主要テーマにするか決める」(2本目をスッパー)

「次に、その作品に関する論文をぜんぶ集めて、読みこむ。そうすると、あるわけですよ。言ってることの違っている点が。そんなもんです、研究者なんて。だから、その違いを吟味して、自分なりの意見を組み立てる。まあ学部生の卒論なら、そうやっていけば自然と書きあげられます」

うまそうに3本目のセブンスターをくゆらせた。

そんなものですか?

そんなもんでした。

師匠との交流は、享年六十九で亡くなるまで続いた。

2018年現在、筑波大学では、谷脇門下の筆頭格・石塚修教授が近世文学の教鞭をとっている。西鶴の専門家にして茶道に明るく、「西鶴の文芸と茶の湯」という論文で博士号を取得した。『茶の湯ブンガク講座――近松・芭蕉から漱石・谷崎まで』(淡交新書・2016年)という初心者向けのエッセイ集も刊行している。

ミナミのホステスに入れあげて

かくして卒業論文を歌舞伎と定めた大学3年の4月。

近松門左衛門の代表作が上演された。

『恋飛脚大和往来』【こいびきゃくやまとおうらい】。

もっとも有名な場は、「封印切《ふういんきり》」という。

歌舞伎には、ブチ切れ野郎が多い。

なぜか?

体温が低くてボーッとしている登場人物ばかりでは、ドラマが成立しないからだ。

主人公は、亀屋忠兵衛。
名作劇画『ミナミの帝王』のようなドラマである。

●大阪の運送会社「カメヤ急便」には、跡取りがおらず
●奈良県の片田舎から、忠兵衛くんを養子に迎えた
●忠兵衛は、ミナミのホステス梅子にいれあげて
●金まわりにピーピーいう毎日
●クラブで恋敵から、やいのやいの言われたため
●預かっている500万円に手をつけてしまう
●もうカメヤ急便には戻れぬと
●忠兵衛と梅子は、奈良の実家にとぼとぼと急ぐ

同情の余地なし。
気ぃの弱い、見栄っ張りなボンクラである。

ザッツ大阪

1986年4月の歌舞伎座で、現・四代目坂田藤十郎は主人公の亀屋忠兵衛に扮した。当時は、二代目中村扇雀を名乗っていた。長い二代目扇雀時代を経て、1990年に三代目中村鴈治郎を襲名。2005年には、上方の大名跡である四代目坂田藤十郎を襲名した。現・藤十郎については扇雀時代の印象が強いので、本章ではあえて「扇雀」と記す。

小津安二郎監督作『浮草』での旅芸人が印象に残る二代目中村鴈治郎の長男で、中村玉緒は実妹。妻は、元タカラジェンヌにして、参議院議長も歴任した扇千景。

性格は、明け透け。オモテウラなし。

ザッツ大阪にして、周囲がパッと明るくなるような役者である。

近松門左衛門をはじめとする上方の世話物では、他の役者の追随を許さない。

小谷野敦は、前掲『猿之助三代』で1970年代半ばの歌舞伎界をこう振り返っている。

　こうして見ると、歌舞伎の中心には、歌右衛門、勘三郎、松緑、梅幸、菊五郎、海老蔵がいて、周縁にいるのが、猿之助、扇雀、孝夫という、一人でも客が呼べる俳優ということになろうか。（※名跡は、当時）

三代目猿之助と、二代目扇雀。
市川宗家の門弟と、上方の名門。
論理と、情。
反骨と、はんなり。
個人の資質は正反対だが、ステージへのアプローチには共通点がある。

昭和五十六年秋、近松座を結成、近松門左衛門、坂田藤十郎の初心に還って、上方歌舞伎の伝統と真髄を甦らせたいとする扇雀は、ただ美しく艶なる女形の芸のみに安ずることなく、既に五十路半ば、父鴈治郎亡き後の上方歌舞伎を背負う役者としての責任と自覚に精進しよう、という意気込みをみせている。（中略）

二十代の折、いわゆる武智歌舞伎に、みっちり基礎をたたき込まれ、役の性根をつかむことに、並ならぬ熱意と非凡な才能をもつこの人の、和事師としての大成を期待したい。

（1985年版『歌舞伎俳優名鑑』 執筆・安田武）

猿之助には、市川宗家への反骨があった。
上方の扇雀には、東京偏重への反発があった。

近松座とは自主公演団体で、巷間伝わる型ではなく「なぜそういう演技・演出になるのか」と原点に立ち返り、古典を現在に復活させようと設立された。

原典に立ち返ってこそ

1986年4月の『恋飛脚大和往来』は、人形浄瑠璃『冥途の飛脚』を歌舞伎に仕立てた作品だ。近松座では1985年8月に、『冥途の飛脚』を第4回公演で取り上げている。

主人公・忠兵衛を、扇雀は自身の芸談集でこう喝破した。

原作では忠兵衛は「短気は損気の忠兵衛」とあり、カッとなった忠兵衛に梅川が「なぜそのように上らさんす」と意見をする台詞もあります。忠兵衛が生来短気で、カッとなりやすい人間であるのが、はっきりと書いてあります。それを描かないと原作の忠兵衛にはならない。

（水落潔・編『鴈治郎芸談』向陽書房・2000年）

『恋飛脚大和往来』の忠兵衛は、気の弱い婿養子で、ややもすると同情したくなる役どころとして演じられることが多い。しかし近松の原典にあたれば、また違った人物像が浮かびあがってくる。

1985年近松座での『冥途の飛脚』で脚色・演出をつとめたのは、武智鉄二だった。不遇をかこっていた二十代の猿之助も、行動を一とした師匠格である。若い時分につちかわれた進取の精神は、後の猿之助にも扇雀にも息づいている。

八十代となった現在も、現・坂田藤十郎は大看板として舞台をつとめている。

長男は四代目中村鴈治郎（1959〜）を、次男は三代目中村扇雀（1960〜）を襲名した。それぞれ壱太郎《かずたろう》（1990〜）・虎之介（1998〜）という跡取りにも恵まれた。幾多の名門が後継不足に悩んでいる中、坂田藤十郎（中村鴈治郎）の家は、向こう50年ほどは安泰だ。

第十七章

プリンスもプリンセスもいない猿之助一座

『慙紅葉汗顔見勢《はじもみじあせのかおみせ》』
1986年7月・歌舞伎座

あれもこれもミックス

大学3年の夏休みは、切ない。

翌年は就職活動やら卒論で、忙殺されるだろう。

進路も、そろそろ真剣に考えなければならない。

ノホホンと生きながらえるのも、あと半年ばかり。

そこらあたりの虎殿が
よいことと心得て
深き穴へと陥るとも知らず

細川勝元
（3代目市川猿之助）

1986年の7月。歌舞伎座は恒例の「猿之助月間」を迎え、昼の部は小品3本立。夜の部は、通し狂言の大作となった。

『慙紅葉汗顔見勢』。【はじもみじあせのかおみせ】と読む。

毎度おなじみ鶴屋南北の原作だが、台本は残されていない。ではどうして150年余後に上演できるのか？　こんな芝居でしたという文献から、「こうかなぁ」「ああかなぁ」と想像をたくましくして、ゼロからつくりあげちゃったのである。

舞台は、仙台藩。伊達家を乗っ取ろうとする奸臣・仁木弾正を中心に、悪事を阻止しようとする忠臣、累《かさね》の伝承など老若男女が入り乱れる。

伊達騒動に仁木弾正。どこかで聞き覚えないだろうか？

第十章で紹介した『伽羅先代萩』をベースに、南北特有の怪談噺や早変わりをミックスさせパロディ仕立てに味つけされたのだ。

学業優先にてお休み

三代目猿之助は十役をつとめあげた。

仁木弾正・赤松満祐・絹川与右衛門・土手の道哲・足利左金吾頼兼・

累・高尾太夫・乳人政岡・荒獅子男之助照秀・細川勝元
したがって「猿之助の　伊達の十役」と通称されるが、「さるのすけの　いたちのじゅうやく」と読み下す大学生もいた。

要するに、『伽羅先代萩』の主要な役どころを、猿之助ひとりでつとめちゃうという芝居である。第2幕「御殿」「床下」はオリジナルをほぼ踏襲しているから、ストーリーはお墨付き。続く3幕「対決」では、1985年10月歌舞伎座公演でもつとめた細川勝元に扮した。ケレンではない猿之助の持ち役だ。

復活上演といっても、膨大な台本を刈りこんで幹だけ残すタイプと異なり、名作・名場面をあちこちからお取り寄せして1本に仕立てた作品であるから理解しやすく、安心して観劇することができた。

安心できなかったのは、メンバー構成だ。

おなじみの一座に、女形の澤村田之助が加わった。公演当時54歳の演技派だ。

欠けていた常連メンバーは、2人。

二代目市川亀治郎と五代目中村児太郎（現・中村福助）である。

二代目亀治郎は、猿之助の甥っ子にあたる。実弟である段四郎の長男であり、「可愛さや、媚びで売る子役じゃない。天才かも」と将来を嘱望されていた。期待通り、2012年に四代目猿之助を襲名して現在にいたる。

亀治郎は1985年10月の『雙生隅田川』【ふたごすみだがわ】を区切りとして、舞台活動を休止していた。再びコンスタントな出演をはたすのは、1989年7月の舞踊『独楽』から。その期間は10~14歳、おおよそ小学校高学年から中学生の時期にあたり、学業もあだや疎《おろそ》かにすべきではないという猿之助一族の家訓があったのだろう。小学校から私立の名門・暁星に学び、慶応義塾大学文学部で国文学を修めている。

いわば一時休止だから、大勢に影響はない。

深刻なのは、いまひとりの方だ。

新人からチーママに

五代目中村児太郎の不在は、筆者にとって痛恨だった。

贔屓ということを割り引いても、猿之助一座にとって大いなる痛手に感じた。

猿之助歌舞伎は、視覚を重要視する。澤村宗十郎はぽってりタイプであり、ビジュアル系を一手に引き受けていた女形が五代目児太郎だった。まだ二十代で、かつ演技も安定しつつあった。

古参のファンから聞いたエピソード。

若い時分の五代目児太郎は、時折ワケがわかんなくなっちゃうところがあった。あたふたして、ひとり相撲をとってしまう。舞台は、チーン。そこにベテランが登場して、弛緩した場の空気を引き締めると、大向こうから「場がしまる！」という掛け声がかかった、と。

そのころが新人ホステスだとすれば、筆者が観劇したころには、猿之助一座のチーママに昇格していた。

いざいなくなってみると、希少価値に気づかされる。

ビジュアル面でのキビしさだけではない。劇場内に漂う行儀の良さや品の良さが皆無になってしまった。五代目児太郎がいないと、反骨・反権威・反王道というアンチなイメージばかりが前面に出てしまう。

スペクタクルVS本家本元

五代目児太郎不在の猿之助一座は、華やかさに欠けた。

反権威を掲げていた猿之助歌舞伎が、権威になりつつあることへの反発がそう思わせたのかもしれない。

この時期から、猿之助一座への熱が急速に冷めていった。

7月公演『慙紅葉汗顔見勢』にしても、「それってどうなの」という思いを抱いた。政岡から仁木弾正からなんでもかんでも、ひとり十役をつとめる。タイヘンでしょう。その効果やいかに。よくわからない。2年も観劇を続けると、早変わりは飽きる。演じていらっしゃる皆さまには申し訳ないが、飽きちゃうんだから仕方がない。

結局、一番面白かったのは『伽羅先代萩』を踏襲した2幕目だった。

原典の方がはるかに面白かった。

スペクタクルと本家本元の戦いは、本家本元に軍配を上げざるを得なかった。

タイトルは、「恥をかくほどに、顔を紅葉のように真っ赤にして、汗をだらだら流すほどに奮闘いたしまして、面白い芝居をお見せします」という意味合いだ。

汗をかくのは、いいことだ。

だが肝心なのは、汗をかくことではない。

汗をかいて、相応の舞台成果をあげることだ。

クラシック界のケレン

この年の5月。

『恋飛脚大和往来』を観劇した翌月に、生涯最高のライブを体感した。

カルロス・クライバー指揮&バイエルン国立歌劇場管弦楽団の来日公演。

クライバーは奇人変人かつキャンセル魔として知られ、レコーディングもわずかばかり。熱烈なファンが多く、人気ナンバーワンの指揮者だった。

そのクライバーが来日する。

S席は、1万2000円。歌舞伎座の三階B席は、1500円。学生には分不相応だったが、同じ学部のクラシック愛好者と連れ立って昭和女子大学人見記念講堂の千秋楽にはせ参じた。

曲目は、ベートーヴェンの交響曲4番&7番。得意中の得意のレパートリーで、タクトを降ろした瞬間の静寂は今でも忘れられない。幾度に及ぶカーテンコール中、「か・う・もり」と日本語で語りかけると、いきなりアンコールの『こうもり』序曲が始まった。途中で楽団員に演奏を丸投げし、指揮を止めてしばし佇むなんて趣向も見せてくれた。

会場を去りがたく、終演後もブラブラしていると、係員が「サインを受けつけます」。しまった!

なんにも持っていない。ところが「ちゃんと2人分、用意してあるよ」。友人が、油性マジックと色紙2枚をバッグから取り出した。

クライバーの演奏には、極端なハイテンポに特徴がある。ベートーヴェン4番のライブCDでは、最終楽章での超特急にファゴットがもたれ、あわやという場面さえあった。

クライバーは、クラシック界のケレンだ。

でも人見記念ライブから30年余り経っても、飽きることがない。今でも自宅リビングに鎮座ますデンマーク製DALIのスピーカー「EUPHONIA MS4」からは、クライバー節が流れる。

なぜクライバーのケレンは飽きないのか?

ケレンを超えて、定番の域にいたったからだろう。

定番である。

権威ではない。

第十八章
全種目金メダルの実力者・中村富十郎

『仮名手本忠臣蔵《かなでほんちゅうしんぐら》』
1986年12月・国立劇場

カラヤン、ブルック、RSCも

前年1985年の9月。プラザ合意が発表された。

思い切り端折って説明すると、

◎アメリカは貿易赤字と財政赤字の「双子の赤字」にあえいでいた

◎貿易赤字を削減させるために、円高ドル安

天河屋義平
（5代目中村富十郎）

に誘導される
◎急激な円高になって、同じ1万円でも価値がグーンとあがった
◎日本人の資産は膨れあがり、莫大なマネーが株式市場と不動産市場に流入された
◎株価と地価が、ハネあがった

バブル景気が胎動した。

文化施設も、次々に建てられた。

●1985年　青山劇場
●1986年　サントリーホール
●1987年　銀座セゾン劇場
●1990年　東京芸術劇場

青山・赤坂・銀座・池袋と、都内の超一等地にドドーンと劇場やホールが聳《そび》え立った。

海外の大物アーティストの来日も続いた。

サントリーホールのこけら落としシリーズでは、カラヤン指揮のベルリン・フィルハーモニ

ー管弦楽団。銀座セゾン劇場はピーター・ブルックの『マハバーラタ』で幕をあけ、ロイヤル・シェイクスピア・カンパニー（ＲＳＣ）などの名門劇団がステージを賑わせた。

なけなしのお小遣いをはたいて観劇・観賞した若者は、「ようやくホンモノに触れた」と感涙にむせんだ。

最後のワンピースが

１９８６年10〜12月。

この年、開場20周年を迎えた東京・隼町の国立劇場では、意欲的な興行が行われた。『仮名手本忠臣蔵』の3カ月連続通し公演。

大序（1幕目）から大詰（11幕目）まで11幕からなる全段を、5幕（10月）＋3幕（11月）＋3幕（12月）と3カ月にわたり、歌舞伎座公演ではカットされる段を含めて完全上演しようという試みだった。

◉10月

大星由良助　＝十三代目片岡仁左衛門（現・十五代目仁左衛門の父）

塩冶判官　＝七代目尾上梅幸

桃井若狭之助 = 十二代目市川團十郎
高師直 = 十七代目中村勘三郎
早野勘平 = 十二代目市川團十郎
顔世御前 = 七代目中村芝翫
加古川本蔵 = 十七代目市村羽左衛門

◉11月

早野勘平 = 十七代目中村勘三郎
お軽 = 七代目尾上梅幸
斧定九郎 = 初代尾上辰之助
大星由良助 = 十三代目片岡仁左衛門
寺岡平右衛門 = 十七代目市村羽左衛門
本蔵妻戸無瀬 = 六代目中村歌右衛門

◉12月

本蔵妻戸無瀬 = 六代目中村歌右衛門

大星由良助　＝十七代目市村羽左衛門
由良助妻お石＝七代目中村芝翫
加古川本蔵　＝三代目河原崎権十郎
天河屋義平　＝五代目中村富十郎
義平女房おその＝六代目澤村田之助
太田了竹　＝十代目岩井半四郎
竹森喜多八　＝三代目中村橋之助（現・八代目芝翫）

戦前から戦後にかけて歌舞伎を牽引してきたベテランが勢ぞろいして、中堅若手が脇を固める。およそ2年後に終焉する昭和の掉尾《とうび》を飾る一大イベントとなった。

それまで『忠臣蔵』は、ひとつの段を除いてすべて観劇してきた。残るワンピースが、この月で揃うことになった。ちなみに『忠臣蔵』では「幕」ではなく「段」と称される。

愛息の喉元に刃が！

12月公演の十段目「天河屋の段」。

主人公はそれまでまったく登場しない人物で、動きも少ない。観客を沸かせにくい場であるために、歌舞伎座の通し公演でもカットされてきた。この国立劇場公演が、じつに21年ぶりの上演となった。

オーラス前、討ち入り直前のエピソードであり、主人公は武器調達を大星由良助から依頼された堺の商人。天河屋義平《あまがわやぎへい》(推定25歳)という。

●大星由良助は、高師直《こうのもろのう》の屋敷への討ち入りを決意し
●塩冶ゆかりの堺の商人である天河屋義平に、武器の調達を依頼する
●秘密漏洩を恐れた義平は、使用人に暇を出しただけでなく
●妻と離縁して息子も里に帰した
●ところが人の口に戸は立てられぬのか、武器調達の咎《とが》により追っ手が押し入る
●「そこの長持(大きな箱)が怪しい」と詮議されるが
●義平は長持の上にドカッと座りこむ
●そこに連れてこられたのは、里にいるはずの息子・芳松
●喉元に刃を突きつけ、武器の在り処を白状させようとする

世の99・99%の父親は、ここで口を割るだろう。しかし義平は一向に動じることなし。そこ

に思いもかけぬ人物が！

●「いやぁ、ごめんごめん」と、大星由良助が現れた

●どんな脅迫にも屈しないか、義平を試したのだった

●義平の信義に感じ入った由良助は、「天」「河」を討ち入りの合言葉に定めた

この年この月の「天河屋の段」は、三十有余年たった今でもありありと思い出せる。男気！

天河屋義平に扮したのは、五代目中村富十郎。

この年、57歳。脂ののりきった役者盛りだった。

踊りも口跡も

日本舞踊に暗い筆者でも、ホンモノ中のホンモノは明らかにわかる。

五代目中村富十郎が、そんな踊り手だった。

母は、文化功労者にも選ばれた吾妻流家元の吾妻徳穂《あづまとくほ》（1909～1989）。その吾妻徳穂も、十五代目市村羽左衛門と舞踊家・藤間政弥の娘。舞踊一家の嫡男《ちゃくなん》なのである。ちなみに、

初代吾妻徳穂の孫であり、富十郎の姪にあたる二代目吾妻徳穂は、前章で触れた現・四代目中村鴈治郎に嫁いでいる。つまり現・壱太郎は、二代目家元の息子にして、初代家元の曾孫にあたる。

重心低く腰の入った姿。床をドンと踏み鳴らす間合いの良さ。あいまいな部分が寸分もない腕の振り。掌の向け方、首のすわり。

神ってた。

踊りだけに秀でたスペシャリストだったのか?

ノン、ノン。

口跡が信じられないくらいに良い。

「天河屋の段」では、日本演劇史上に残る名台詞がある。口を割らねば息子を殺めるぞと迫る追っ手(実は塩冶の義士)に向かって、

「天河屋義平は、男でござる〜!」。

これぞ腹式呼吸の見本というほどに、腹の底から低くしぼりだす。

その声のよく通ること。

世話物では、内面描写にたける。十六章の『恋飛脚大和往来』で主人公の恋敵・八右衛門に扮したのが、五代目富十郎だった。じつにイヤ味な男だ。忠兵衛を挑発すること、はなはだし

い。思わず預り金に手を出した忠兵衛の心中も察せられるほどに憎たらしい。

天才少年の鋭い直感

世話物だけかといえば、さにあらず。

1995年に映画『写楽』が公開された。謎の浮世絵師・東洲斎写楽はケガで舞台を断念した大部屋役者（真田広之）という設定で、写楽愛好家であったフランキー堺が企画・指揮した力作だ。

作中、江戸中期に活躍した五代目市川團十郎が荒事を披露する場面がある。

この團十郎に扮したのが、五代目富十郎だった。

なぜ当時の十二代目團十郎が演じなかったのだろうか。血はつながってはいないものの江戸時代のご先祖さまに扮することは、当代にとっても名誉なキャスティングである。配給は松竹だから、都合もつけられるはずだ。

スタッフが歌舞伎に暗かったのかといえば、まったくその逆。監督は、篠田正浩。早稲田大学第一文学部で近松門左衛門を研究したほどで、伝統芸能には造詣が深い。

当時、配給に携わった関係者によると、

「團十郎役を富十郎さんにオファーしたのは、篠田監督のご意向です。映画はあと何本撮れるだろうかという篠田さんにとって、『写楽』は渾身の一作。後世に残せる映像をということで、当代随一の富十郎さんに白羽の矢が立てられたわけです」

1985年版『歌舞伎俳優名鑑』に、興味ぶかいエピソードが載っている。

おそらく正統的な古典技術のチャンピオンという点では、半世紀ひとりの無双の逸材であろう。一つの精神にまで匹敵する、その比類なき技術の高みは、単なる日本一の枠を越え、ある世界性を帯びており、外国人も、未知の観客も、ひとしく快感に酔うのである。（中略）
この歌舞伎技術の天才は、東洋の芸道の本流から、若干逸れた地点にいるのではないか。「富十郎兄ちゃんが天下を取れなかったら、世間が狂っている」とは、かつての勘九郎少年の直情的発言だが、そういう勘九郎の円い身体、円い舞台に、わたしは江戸の血、日本の男の子のシンボリックな匂いを嗅ぎこそすれ、富十郎には夏のラテン諸国の精気を感じてしまう。

（執筆・中村哲郎）

勘九郎とは、十八代目中村勘三郎（1955〜2012）のこと。「勘九郎少年」と記されているから、10歳前後の発言だろうか。芝居勘に鋭く真っ直ぐな心情が吐露されている。

74歳差の父娘共演をはたして

歌舞伎ファン以外にもその名が知られたのは、晩年のこと。

1996年に33歳年下の元女優と結婚する。1999年には長男、2003年には長女と2人の子宝に恵まれた。69歳と74歳の子宝とあって、ワイドショー番組やスポーツ紙がこぞって取りあげた。

2001年4月。長男はわずか2歳で、能をオリジナルとする『石橋』【しゃっきょう】で中村大の名前で初舞台を踏んだ。この年、父親の富十郎は、72歳。跡取りの初舞台には、万感の思いが広がったことだろう。2005年には初代中村鷹之資を襲名した。

同じ年、長女も本名の渡邊愛子として、2歳の折に歌舞伎座『良寛と子守』で富十郎との共演をはたしている。

最後に、スポーツニッポン紙のウェブサイト「Sponichin Anex」(2011年1月5日付)から。

歌舞伎俳優で人間国宝の中村富十郎(なかむら・とみじゅうろう、本名渡辺一=わたなべ・はじめ)さんが3日午後8時28分、直腸がんのため東京都中央区の病院で死去した。

81歳。（中略）

弔問に訪れた歌舞伎評論家の鈴木治彦さんによると、富十郎さんはやせていたものの穏やかな表情。その枕元で鷹之資は泣きじゃくり、7歳の長女愛子ちゃんは父の死を理解できない様子だったという。鈴木さんが、この日夜の舞台を鷹之資が務め上げられるのか心配すると、正恵夫人（48）は「息子の踊りを見てやってください」と話し、富十郎さんが手塩にかけた愛息が堂々舞台に立つ姿を信じて疑わなかったという。（中略）

鷹之資がこの日、気丈に舞台に立つと、軽妙洒脱《しゃだつ》な踊りが一層悲しみを誘い、観客からは鷹之資の屋号「天王寺屋！」の掛け声が飛んだ。昨年3月の歌舞伎座公演「石橋（しゃっきょう）」が最後の親子共演。途中で休演した同11月の新橋演舞場公演「吉例顔見世大歌舞伎」の「逆櫓」が最後の舞台になった。

1987年

第十九章

十八代目中村勘三郎の「我が世の春」

『門出二人桃太郎《かどんでふたりももたろう》』
1987年1月・歌舞伎座

あどけない面持ちの主役

1987年の正月。歌舞伎座公演はこんな長ったらしいタイトルにわいた。

◉江戸歌舞伎三百六十年猿若祭
初春大歌舞伎

中村勘三郎がもともと芝居小

鬼と2人の桃太郎
（5代目中村勘九郎、2代目勘太郎・2代目七之助）

屋「中村座」の座元であることは、先に述べた。開場当初は「猿若座」と称されていた。

正月公演とあって、歌舞伎座には豪華な顔ぶれが勢ぞろいした。

十七代目中村勘三郎
十三代目片岡仁左衛門
六代目中村歌右衛門
四代目中村雀右衛門
七代目尾上梅幸
七代目中村芝翫
四代目市川左團次
九代目松本幸四郎
二代目澤村藤十郎
五代目中村歌六
八代目中村福助
五代目中村勘九郎
五代目中村児太郎

だがこの月の主役は、ここに掲げた花形スターたちではなかった。

劇場内の視線は、あどけない面持ちをした兄弟に注がれていた。

二代目中村勘太郎（1981〜）と二代目中村七之助（1983〜）の初舞台である。

母も、妻も、姉の嫁ぎ先も

父親の五代目中村勘九郎は、当時32歳。

祖父の十七代目勘三郎は、78歳。

中村家の春満開という公演となった。

六代目歌右衛門、七代目芝翫、五代目児太郎の成駒屋トリオが出演しているのには、ワケがある。105ページの家系図を見ていただこう。五代目勘九郎（十八代勘三郎）夫人は、芝翫の長女。つまり初舞台を踏む2人兄弟は芝翫の孫にあたり、児太郎にとっては甥っ子になる。歌右衛門も、5親等の縁つづきになる。

さらに二代目澤村藤十郎の妻は、十七代目勘三郎の次女。初舞台ブラザースは、甥っ子にあたる。

七代目尾上梅幸となると、スケールのおっきな縁者となる。梅幸の養父・六代目菊五郎の娘が、十七代目勘三郎に嫁いでいる。

九代目松本幸四郎は、母方の祖父が初代中村吉右衛門で、その弟が十七代目勘三郎。五代目中村歌六も、歌六の祖父の弟が十七代目勘三郎。

よく歌舞伎役者同士は、どこかで家系がつながっているといわれる。近年においては、十七代目勘三郎が初代中村吉右衛門と三代目中村時蔵の弟であり、息子の十八代目勘三郎が七代目中村芝翫の長女を娶《めと》っていることが大きな理由となっている。

「オレもさぁ、桃太郎で」

中村屋ブラザースの初舞台は『門出二人桃太郎』。【かどんでふたりももたろう】

父の十八代目勘三郎も、4歳の折に『昔噺桃太郎』【むかしばなしももたろう】で初舞台を踏んでいる。十八代目には、「桃太郎で初舞台」という経歴を気に入っていた節が見られる。インタビュー取材したことは過去2回あるが、話の流れとはまったく関係ないところで、「オレもさぁ、4歳のわけのわかんないころから、桃太郎で舞台にあげられてサ」。2度ともにである。

その時は「なんだ、この展開は?」と訝《いぶか》しむだけだったが、2人の愛息が同じ演目で初舞台を踏んだのが嬉しかったのだろう。

毎日新聞(1987年1月8日夕刊)から引く。

猿若・中村勘三郎が江戸に猿若座を開いて今年で三百六十年。その名跡を継ぐ勘三郎一門が中心になっての初芝居。晴れの公演で勘九郎の長男が勘太郎、二男が七之助を名乗り初舞台を踏んでいる。披露狂言は昼の萩原雪夫作『門出二人桃太郎』。祖父の勘三郎、芝翫、父の勘九郎はもとより歌右衛門、仁左衛門、梅幸以下一座総出演の豪華版。その中で五歳と三歳の二人の桃太郎が可愛さで満場の拍手を集める。この年齢から修業の始まる芸の世界の厳しさと、名門の子に産まれた幸せを同時に感じさせる。

先に勘三郎家の家系は、どこにもつながると記した。
歌舞伎役者にとって、血縁は非常に大きなアドバンテージになる。
後方支援にも恵まれて、五代目勘九郎はその後も躍進する。

黙阿弥でも、コクーンでも、平成中村座でも

時代は下って、1989年4月。
朝日新聞の歌舞伎評を、演劇評論家の渡辺保が担当することになった。
歯に衣きせぬ批評で知られ、鑑賞眼は当代トップクラス。

朝日新聞（1989年4月3日夕刊）での批評の第1回で、五代目勘九郎（十八代目勘三郎）の『髪結新三』【かみゆいしんざ】を取り上げている。

勘九郎の「髪結新三」がすばらしい出来栄えである。勘三郎一周忌追善の歌舞伎座の初日を見ていて、やっと夜の部の「新三」で胸がスカっとした。

勘九郎の新三は、去年の国立小劇場ですでに実験済みであるが、今度は歌舞伎座の大舞台である。どうなるかと思ったが、その小柄な体を芸で大きく見せた立派な新三である。（中略）

芸が楷書である点ではおとっつあん以上でさえある。それがウソでも白子屋お熊とワケがありそうに見える若さがいい。黙阿弥の書いた新三という男は、この若さ、この年配だろうと思わせたところが大手柄である。さぞや泉下で勘三郎が喜んでいるだろう。

平成になってからは、舞台の革新に乗り出す。「はじめに」で掲げた『かぶき手帖』の特集「歌舞伎の新世紀」（執筆・伊達なつめ）を参照しつつ追ってみる。

1990年には、それまでSKDや演歌歌手の座長公演が常だった8月を「納涼歌舞伎」と銘打ち、若手の活躍の場とした。

1994年、東京・渋谷のシアターコクーンで「コクーン歌舞伎」がスタートした。第一弾は『東海道四谷怪談』。役者の歩く振動が伝わってくるほど、ステージと客席が近い。間口の狭い小ぶりな劇場での歌舞伎鑑賞は、「江戸時代の芝居小屋って、こんな感じだったんだろうな」と想像をたくましくさせてくれた。

2000年には、「平成中村座」を誕生させる。

2001年には劇作家&演出家の野田秀樹とコンビを組み、野田歌舞伎の第一弾『研辰の討たれ』が上演される。

コペルニクス的転回

2005年。

満を持して、十八代目中村勘三郎を襲名した。

7年後の2012年、急性呼吸窮迫症候群にて死去。享年五十七。

十八代目勘三郎が遺した幾多の業績のうちもっとも感心するのは、役者と観客の距離を縮めたことだ。

歌舞伎は、なんだか退屈。いくつもの理由がある。中でも、世界でも例のない大劇場という理由はおおきい。ニューヨークのブロードウェイやロンドンの演劇街ウエストエンドで驚くのは、劇場がコンパクトである点だ。かつての江戸の芝居小屋も小さかった。

でっかい劇場で、丁寧《ていねい》に縫いあげた衣裳をまとい、腹芸やら斟酌《しんしゃく》・忖度《そんたく》が張りめぐらされた内面描写をお見せする。大仰《おおぎょう》な所作と表情で威圧する荒事にしても、バレエのピルエットや京劇の連続とんぼ返りとはアクションの程度が異なる。

現行の歌舞伎は、劇場のスケールと芝居の質がマッチしていない。

だから。

歌右衛門・菊五郎といった「正統派」は、ひたすら芸をみがき、2千席の大劇場の隅々にも届く演技を追求した。

三代目猿之助は、「もっとハチャメチャに、動いちゃえ」とばかりに、アクション満載の台本をこしらえて、ダイナミックな演出を施した。

十八代目勘三郎のアプローチは、コペルニクス的転回だった。

「ステージと客席の距離が遠い？　だったら縮めちゃえ！　そうすればオレたちが苦労している工夫や表現が、伝わるんじゃないか」

その通りだった。

論理ではない直感のなせるワザである。

「ケレン＝外連（伝統を外れる）」を実践し、たしかな果実を実らせた役者だった。

第二十章

女の園を激怒させた坂東三津五郎

『文七元結《ぶんしちもっとい》』

1987年3月・歌舞伎座

不遇な時代

十代目坂東三津五郎は、1956年生まれ。

前名を、坂東八十助《やそすけ》（五代目）という。

『棒しばり』の次郎冠者（5代目中村勘九郎）と太郎冠者（5代目坂東八十助）

三津五郎を名乗ったのは、2001年~2015年。八十助の時代は1962年~2001年と長いので、本章の前半では八十助と記す。

切れ長の目、細長い面立ち、爬虫類のような唇。やさ系の色男である。

十歳前後上の世代には、三之助トリオ、猿之助、玉三郎、孝夫がひしめき、さほど八十助を注視することはなかった。

1987年に、八十助は31歳。

演劇評論家の長谷部浩・東京藝術大学教授は『天才と名人——中村勘三郎と坂東三津五郎』(文春新書・2016年)で、十代・二十代を「不遇の時代」と総括している。

歌舞伎には、その出し物で主役を勤める役者が、周囲の配役を決める習いがある。父親が大立者であれば、当然、芯を取る狂言が出る。その相手役に息子を指名するのは当然のことだ。十代から二十代にかけて、勘九郎と八十助が勤めた役に差があるのもまた、実力ばかりではなく、親の威光も左右している。ありていにいえば、十七代目勘三郎には、息子の勘九郎を引き立てるだけの力があった。当時、七代目簑助といって菊五郎劇団の鬼軍曹と思われていた九代目三津五郎には、残念であるけれども、それだけの力がなかった。同じ名門の御曹司として生まれても、差が生まれてしまう。

人騒がせな奉公人

大学時代に観劇した中で、八十助について「これは良かった」と思い出せる演目は浮かばない。ただ独特の存在感を憶えているのが、この年3月の歌舞伎座公演『文七元結』【ぶんしちもっとい】である。

原作は、同名の古典落語。五代目古今亭志ん生が得意とした。

現代風にストーリーを紹介すると。

●左官の長兵衛さんは、大のバクチ好き
●おかげで家計は火の車
●夫婦喧嘩を見かねた娘のお久は、銀座のクラブに駆けこみ
●知り合いのママに「私の身体をカタに500万円を貸して下さい」
●ママは長兵衛を呼び出し、500万円の入ったヴィトンの財布を渡し
●「お久には、1年間、事務員として働いてもらう」
●だが「借金を返済できなきゃ、お久をホステスにするよ」と念を押す
●帰路、長兵衛は川にサラリーマン文七を発見
●500万円をスリに盗まれたという青年に財布ごと投げつけ、立ち去る

ところが、財布はスリにスラれたわけではなかった。文七が得意先に置き忘れていただけで、すでにお店《たな》に届けられていた。

この物語で「いい加減にしてよ」ナンバーワンが、文七。八十助が扮した。

橋の欄干では、身を挺《てい》して身投げを止めようとする長兵衛さんとひと悶着。お店に帰って、旦那さんに「50両です」と差し出せば、「この金はどうしたんだ?」。

すでに50両は届けられたと告げられ、シドロモドロはマックス。

「見ず知らずの職人から、もらったんです」

そんな奇特な人、いるわきゃない。

「お前、まさかどこからか……」

「違います。本当なんですぅ」

みっともないこと甚《はなは》だしい。

いじられキャラとでも言おうか、ショボン系が八十助にはぴったりだった。

さらに。

懲戒免職ものの失態を犯しながら、お咎《とが》めナシ。それどころか、吉原でも通用しようかという美貌のお久と婚約し、元結屋を開き、おおいに繁盛したというから、超ラッキー組だ。

そんなタナボタ系の雰囲気を、八十助は漂わせていた。

ここが、十八代目勘三郎とは決定的に異なる。

勘三郎は、どんな断崖絶壁が立ちはだかろうとよじ登るし、火の海が広がっていても防災服を着こんで泳ぎ切ろうとする。

トップスター目前に

芸も、姿も、面立ちも、端正だ。

そんな八十助が、全国300万人（著者推定）のオール宝塚ファンを敵にまわしたのは、1982年のこと。

当時、花組は、松あきら（元・公明党参議院議員）と順みつきのダブルトップスター体制で、雪組の男役・寿《ことぶき》ひずるが次期トップとして組替えされた。

しかし10月に、驚愕の発表が。

公演中の『夜明けの序曲』の千秋楽12月31日をもって、寿ひずるが退団する、と。

なおかつ翌1983年に、歌舞伎役者の坂東八十助と結婚する、と。

寿ひずるファンは、そりゃ怒る。せめて退団するまで男役を通して欲しかったのに、実生活での結婚を発表するなんて。

花組ファンも、怒った。結婚が決まっているんなら、次期トップとしての組替えなんて受けるなよ。

怒りの矛先は、新郎に向けられた。

婚姻は当人同士の合意に基づくが、2人とも役者だ。ファン、ご贔屓、スタッフ、興行主あっての役者である。新婦はタカラジェンヌとして10年間も精進をつづけ、ようやく男役の最高位をつかみかけている。ファンの熱い声援の賜物である。

だったら同じ役者として、トップスターをまっとうするまで婚約・挙式を延期する配慮ができなかったのか、と。

こんな濃淡さまざまあるファンの間で自然発生した合言葉が、「クソスケ」。

今なお、恨み骨髄《こつずい》である。

感動的な弔辞の2年余後に

十八代目中村勘三郎は、1955年生まれ。

十代目坂東三津五郎は、1956年生まれ。

三津五郎は1月生まれだから同期の桜であり、好対照だった。

勘三郎　三津五郎

得意ワザ　世話物　時代物・舞踊
資質　天才肌　職人
気質　天然　慎重派
学歴　国学院大学中退　青山学院大学中退
趣味　野球、麻雀　日本の城

勘三郎が周囲を照らす「太陽」なら、三津五郎は薄明かりで映える「月」だった。
寿ひずるとの間には、一男二女を授かった。
１９９５年。長男は二代目坂東巳之助《みのすけ》を襲名している。
２０１２年12月27日。東京・築地本願寺。
十八代目勘九郎の葬儀で、三津五郎は弔辞を読んだ。

君は僕の半年前に生まれ、気づいたら僕の前を歩いていました。小学二年生のときに、『白浪五人男』で初めて共演した時には、あなたはもう天才少年、勘九郎坊やとして人気でした。その後も、君はずっと僕の前を歩き続け、僕は、あなたに遅れまいと、離されまいと、必死に走り続けてきました。だから、いまの僕があるのはまったく君のお陰で、心から深く感謝しています。（中略）
二十代のころは僕たちにはなかなか活動の場が与えられず、君は当時の社長に掛け合ってくれて、開演前の八時三十分から、『寺子屋』を勉強させてもらったことがありました。十七代目勘三郎《おじさん》がまだお元気で、小日向のお宅で一生懸命稽古をしてくださいました。
（中略）
お互いに四十を超えた（舞踊『棒しばり』の）七回目の上演のとき、「やっと先輩たちの言っていた境地の入口に立てた気がするね」と握手をし合ったことを忘れません。長年の経験を経て、お互いに負けたくないという意識から、君には僕がいる。僕には君がいるという幸せと感謝に生まれ変わった瞬間だったように思います。（中略）
これで、しばらくは一緒にやれなくなったけれど、僕がそちらに行ったら、また、一緒に踊って下さい。そのときのために、また、稽古しておきます。

（前掲『天才と名人』より　※カッコ内は筆者注）

2年余り後の2015年2月21日。

歌舞伎俳優で日本舞踊坂東流家元の坂東三津五郎（ばんどう・みつごろう、本名・守田寿＝もりた・ひさし）さんが21日午前、すい臓がんのため都内の病院で亡くなった。59歳だった。2013年9月にすい臓がんの摘出手術後、昨年4月に舞台復帰した。しかし、9月に、12月に予定した主演舞台の降板を発表。治療に専念したが、再び舞台に立つことはかなわなかった。大親友の中村勘三郎さんに続いて、歌舞伎界は次世代の大きな柱を失った。

（nikkansports.com　2015年2月23日配信）

第二十一章
猿之助、ジャック・バウワーになる

『二十四時忠臣蔵《じゅうにときちゅうしんぐら》』
1987年12月・歌舞伎座

忠臣蔵＋四谷怪談＋土屋主税

12月の歌舞伎座公演は、『二十四時忠臣蔵』【じゅうにときちゅうしんぐら】。

鶴屋南北の怪談『東海道四谷怪談』は、「忠臣蔵」の後日談である。そこで「忠臣蔵」と「四谷怪談」の見せ場をミックスさせて、他にも吉良邸の隣家の殿様を主人公にした『土屋主税』【つちやちから】も混ぜこぜされている。

高師直
（3代目市川猿之助）

よくまぁ、考えつくものだ。

三代目猿之助の奮闘ぶりは尋常ではなく、高師直と大星由良助という討ち討たれる2役をはじめ、民谷伊右衛門（お岩さまの夫）と佐藤与茂七（塩冶の義士）を早替わりでつとめ、はては土屋主税までと、おいしい役どころを総なめした。

本公演は、異例の配役となった。

猿之助一座に、七代目尾上梅幸（七代目菊五郎の実父）と七代目中村芝翫（九代目中村福助の実父）が客演したのである。

2年前の『伽羅先代萩』では、七代目菊五郎と十五代目片岡仁左衛門が共演している。それから久しい大物との共演となった。この時期から、歌舞伎界がな〜んとなく皆が皆、仲良くなっていった印象がある。

デタント＝雪どけが、梨園にも及んでいた。

歌舞伎版『24』

前章までに、台本の薄さ、共演陣の薄さ、観劇のたびに薄れる感動と、1986年のスーパー歌舞伎を境に、次第に薄れゆく猿之助歌舞伎への心情を記してきた。

あくまでも筆者の回想であり、猿之助が稀代の役者兼プロデューサーであることは疑いないし、今でも「いいもの見せてくれて、おおきに」という感謝でいっぱいである。

年に平均3本もの通し狂言を公演し、歌舞伎座だけでなく、名古屋の中日劇場、京都の南座、大阪の新歌舞伎座、時には福岡の博多座と、連続公演も珍しくはなかった。その間、スーパー歌舞伎を手掛け、オペラの演出も手がけた。

学生時代での最後の猿之助歌舞伎となった『二十四時忠臣蔵』も、新作である。

本作の眼目は、タイトルにもある「二十四時」。討ち入り前日の午前6時から討ち入り本懐を遂げた午前6時までに起きる騒動が、スピーディに展開される。

通し狂言の場合、物語の上でかなり長い時間が推移し、ストーリーがこんがらがる。敵・味方がわかりにくいこともある。

この点、やはり猿之助はアイディアマンだった。

FOXの海外テレビドラマ『24』にさきがけること、14年。丸一日の間に次から次へとアクシデントが続出するから、観客の耳目は常にステージに集められる。スピーディな展開では、早変わりも功を奏す。

ドラマ『24』では、キーファー・サザーランド扮するジャック・バウワーは拷問されたり、クスリを打たれたり、娘を誘拐されたり。次から次へと艱難辛苦《かんなんしんく》を味わう。

歌舞伎役者としての猿之助の前にも、ジャック・バウワーのようにさまざまな障害が立ちはだかっていた。

錚々たる松竹の重鎮たち

本作品は、古典芸能の知恵袋というべき戸部銀作が監修を担当している。

脚本は、奈河彰輔（１９３１〜２０１４）。本名・中川芳三で、松竹の現役取締役でもあった。

大阪大学経済学部卒にして、京都・南座の支配人などを歴任している。

現・六代目中村扇雀のブログ（２０１４年10月18日）から引く。

松竹の顧問でありご本名を中川芳三さんとおっしゃる奈河彰輔《なかわしょうすけ》さんがお亡くなりになりました。

昨年10月の「西郷と豚姫」でご一緒しました。演出家としてもしかしたら最期のお仕事だったかもしれません。

父と同世代で上方歌舞伎に精通してらして、時には亡くなった名優の声色まで交え色々な事を教えて下さり、演出家・脚本家というより本当に歌舞伎を愛してらしたファンという印象が強い方でした。

当時の歌舞伎界におけるゴッドファーザーは、松竹の実力派会長・永山武臣（1925〜2006）だった。学習院から京都帝国大学に学び、旧・華族。松竹は、永山の「演劇派」と奥山融の「映画派」が覇を競っていた。ちなみに奥山も、京都帝国大学に学んでいる。

永山の文章やインタビューを読むと、なるほど終戦後に歌舞伎を復興させた大立者《おおだてもの》であることがわかる。襲名披露での「このたび松竹の永山会長のご推挙により」は、昭和&平成はじめの常套句であった。

ここでは、もうひとりの歌舞伎プロパーについて触れたい。

茂木千佳史《もぎちかし》（1926〜1998）。

早稲田大学政治経済学部卒。株式会社松竹の副社長。歌舞伎界においてエラい人だ。

筆者は、後に週刊誌の演劇担当記者になった。どの世界でもそうだが、事前に登録している新聞記者でなければ取材の間口は狭い。だから〆切間際で、どうしても確認がとれなかったり、知恵を拝借したい事項があると、深夜のご自宅に電話した。当時は上場企業の役員クラスであれば、市販の「職員録」や「紳士録」に住所&電話番号が記されていた。

どんな記事になるかわからない取材にも、懇切丁寧《こんせつていねい》に応じてくれた。

困ったことには、深夜の電話の2日後に、「お時間があれば、ご覧ください」という一筆箋を添えて、松竹主催の演劇チケットが郵送されてくる。二十代の新人記者に、松竹の重役がである。しかも2枚。製作畑出身ならではの心配りだ。くだんの公演を観劇する。感想をしたためて、お礼状を送る。さらに返礼をいただく。

正確なところは知ってもらいたい、見て欲しい舞台は見てもらいたい、という芝居愛がありありと窺えた。

製作・演者・観客のミスマッチが

製作する側は、ＧＨＱによる上演禁止令を知る世代である。

演じる側は、戦火をくぐったベテランと、切磋琢磨する団塊の世代。

一方、見る側は、テレビが隆盛するとともに、歌舞伎への興味を失っていた。

こんなミスマッチが、すごい効果をもたらした。

１９７０年代、歌舞伎が世間の耳目を集めることが少なくなった。

長くて退屈、動きが少ない、シーンとしてる、予定調和などなど。かくして一時は、存亡の危機にさらされた。

松竹本社には、歌舞伎の存亡にかける知恵者がいた。

大歌舞伎では、役がつかない中堅若手がいた。

ダイナミックな芝居の台本が残されていた。

台本を補綴する力量のある研究者や脚本家がいた。

これらの軸となっていたのが、三代目猿之助だった。長くても退屈でないもの、動きがダイナミックなもの、ザワッとする予定調和ではないもの。ニッチなジャンルに、活路を見いだせるのでないかと踏んだ。

改めて、猿之助＝ジャック・バウワーを思う。

ジャックだけにはなりたくない。祖国愛と正義に則って行動するものの、時にホワイトハウスから、時にＣＩＡから、時に妻から娘から疎んじられる。

猿之助もしかり。

松竹本社から「やりすぎ」という声もあっただろう。ベテラン役者からは「サーカス」と揶揄《やゆ》された。「あれは歌舞伎じゃないね」と鼻白む古参ファンもいた。有形無形の圧力を受けながらも、猿之助ワールドを生涯つらぬいている。

しかしまぁ。

なぜ「猿之助、歌舞伎やめるってよ」と、ならなかったのだろう。

スーパー歌舞伎が、歌舞伎でないことは明瞭。

それでも歌舞伎にこだわった。

プロデューサーとして、俳優として、脚本家として、三代目猿之助ほどの才能があれば、他ジャンルに活路を見出すことは難儀ではなかったはずだ。

歌舞伎役者。

そうそう名乗れるものではない。

性格俳優として実績と人気がありながら、三代目猿之助の実子・香川照之は四十代にして歌舞伎に身を投じた。息子とともに。

結局。

権威を否定してきた猿之助であっても、歌舞伎という「権威」のくびきからは自由になれなかった。

1988年

第二十二章

はからずも兄弟競演となった松本幸四郎

『菅原伝授手習鑑《すがわらでんじゅてならいかがみ》』
1988年2月・歌舞伎座

「仲が悪い」説の真相は？

1988年（昭和63年）、歌舞伎座は開場百周年を迎えた。

正月は、昼の部・夜の部とも選りどり見取りの有名作品3本立。

うってかわって2月は、昼夜ぶち抜きの通し狂言となった。

2月は「すまじきものは、宮仕えじゃな」

松王丸
（9代目松本幸四郎）

の『菅原伝授手習鑑』だったのだが。

「演劇の神様」の配剤といえる配役になった。

九代目松本幸四郎&二代目中村吉右衛門のリアル・ブラザーズ共演となったのだ。

役者にとって血をわけた兄弟は、厄介な存在である。

兄弟だから顔は似ている。背格好も同じ。声もまたしかり。だから、長じては最強のライバルになる。キャラクターがかぶるからだ。

持ち味が異なる場合は、お互いを引き立てられる。成駒屋の場合、兄の九代目福助は女形で、弟の八代目芝翫は立役専門。澤瀉屋の場合、兄の三代目猿之助は主役で、弟の四代目段四郎は準主役。中村屋の場合も、兄の六代目勘九郎は立役で、弟の二代目七之助は女形と、あえて別の道を歩んでいる。

幸四郎&吉右衛門の場合は、モロかぶりだ。

だから共演の機会も少ない。そして「仲が悪い」が定説となった。

ホントのところは、誰にもわからない。

実はひと月前の正月公演で、兄弟は共演をはたしている。「歌舞伎座百年寿初春大歌舞伎」と銘打たれ、当時の一流どころが集結した豪華絢爛な演目が並んだ。

十三代目片岡仁左衛門の『寿曽我対面』【ことぶきそがのたいめん】
幸四郎の富樫・吉右衛門の弁慶による『勧進帳』
猿之助の『義経千本桜』
十七代目勘三郎が俊寛に扮した『平家女護島』
歌右衛門&梅幸のダブル女役による『鶴寿千歳』【かくじゅせんざい】
團十郎&玉三郎コンビの『助六由縁江戸桜』【すけろくゆかりのえどざくら】

なにせ歌舞伎の殿堂にして、百年に一度の慶事である。
スペシャル感を出すために、用意周到に組まれた配役だったことは容易に推察できる。
しかし翌2月の共演は、偶然の産物だった。

力を内にためて、風格も十分

先に、『菅原伝授手習鑑』が敵味方にわかれた三つ子の物語であることは述べた。

夜の部の最終幕を飾ったのは、『寺子屋』。主君の幼子の身代わりに、寺子屋の子どもを物色する寺子屋のお師匠・武部源蔵には二代目吉右衛門が配された。首実検を命じられ我が子の生首と対面する松王丸には、十七代目中村勘三郎が扮する予定だった。

だがこの年、79歳になる勘三郎は体調すぐれず、やむなく休演。松王丸を演じられる立役は限られる。急遽、白羽の矢が立てられたのが九代目幸四郎だった。

堂々たる松王だった。

九代目幸四郎は、ミュージカル『ラ・マンチャの男』、ストレート・プレイ『アマデウス』、大河ドラマ『黄金の日日』、CM「亀田のソフトサラダ」と活躍のフィールドが広い。ややもすれば過剰な演技になるきらいがないでもなかった。

この月の松王は威風堂々として余分な動きがなく、

最後は「寺子屋」。ここでは幸四郎の松王丸が上々。とかく過剰になりがちな感情表現を抑え、力を内にためて松王の悲劇を描いた。風格も十分。芝翫の千代、吉右衛門の源蔵も結構で、新配役の好舞台になった。

（「毎日新聞」1988年2月10日付・夕刊）

夜の六幕目「寺子屋」は、中村勘三郎の病気休演で、松王丸を松本幸四郎、熱演でよく急場をしのぐ。

（「朝日新聞」1988年2月17日付・夕刊）

時代物から世話物、そして舞踊まで

２０１８年1月。九代目幸四郎は、父の名跡である二代目松本白鸚《はくおう》を襲名した。「白鸚」とは幸四郎の隠居名だが、もちろん現役で続投する。

伴って十代目幸四郎は息子の七代目市川染五郎（１９７３〜）に継承され、八代目染五郎は長男である四代目松本金太郎（２００５〜）が継いだ。

高麗屋にとって、親子三代にわたるビッグイベントとなった。

役者の層が厚いとはいいがたい現状にあって、時代物から世話物までつとめられる白鸚&幸四郎父子は貴重な存在だ。特に舞踊に関しては、五代目富十郎・初代辰之助・十代目三津五郎というトップスリーが鬼籍に入った中、日本舞踊松本流の家元でもある現・幸四郎の責任は重い。

当代は、父親とはちがって「陰」の気質だ。その内に秘めたパワーが、十代目幸四郎の襲名を機にどう拡散されるだろうか。

最後に高麗屋&播磨屋3人衆のプロフィール比較を。

	二代目白鸚	二代目吉右衛門	十代目幸四郎
学歴	早稲田大学第二文学部中退	早稲田大学第一文学部中退	国学院大学文学部中退
趣味	小旅行、句作、絵を書くこと	音楽	野球
身長	175cm	178cm	176cm
好物	並木藪の鴨南蛮	好き嫌いなし	カレーライス

第二十三章

團十郎の勘平

『仮名手本忠臣蔵《かなでほんちゅうしんぐら》』
1988年3月・歌舞伎座

「未完の大器」のまま？

大学生活も1カ月を切った。

3月4月の歌舞伎座は、花形スターの競演となった。

『仮名手本忠臣蔵』の昼夜通し。時間的制約があり、桃井家の忠臣である加古川本蔵にまつわる「二段目」「八段目」「九段目」と、天河屋義平の「十段目」はカットされた。

早野勘平
（12代目市川團十郎）

3月と4月は、配役を替えての公演となった。同じ役どころを、翌月にはライバルが演じる。どちらが良かったか、明け透けに比較される。気の抜けないダブルキャストである。

3月の大星由良助は、昼が九代目松本幸四郎、夜が二代目中村吉右衛門の兄弟対決となった。意外にも、吉右衛門は初役の由良助である。

片岡孝夫は、昼に桃井若狭之助と夜は寺岡平右衛門。

五代目坂東玉三郎は、昼夜通してお軽に扮した。

十二代目市川團十郎がつとめたのは、昼は塩冶判官。夜に早野勘平。ともに無念の切腹を余儀なくされるが、先の章でも記した通り、心根や所作のまったく違う役どころとなる。こういうところが名作観劇の愉しみである。

ところが。

この月で記憶に残るのは、初役となる吉右衛門の大星由良助が余裕しゃくしゃくで安定感があったこと。孝玉コンビによる平右衛門&お軽の兄妹のかけあいである。

30年たって、團十郎の2つの切腹についてはまったく記憶に残っていない。

毎日新聞（1988年3月10日付・夕刊）をひもどくと、

団十郎の判官は大名にふさわしい品位と鷹揚さがあった。（中略）夜は五、六、七段目と討入。勘平は団十郎だが、こうした役では弱点の台詞まわしが難になる。細かく手順のついた音羽屋型なので欠点が余計に目につく。

翌4月は、配役をがらりと替えた。判官と勘平を、七代目菊五郎がつとめたのだが、

菊五郎の判官は本役。大名らしい品位と、無念の思いで切腹する愁いがきいてすぐれる。（中略）夜は「五段目」から「七段目」までと「討入」。勘平は菊五郎。再三手がけた役だが、役者ぶりがあがってすっかり役を自分のものにした。さわやかななかに哀れがある。注文を出せば、形と心理が一体となった音羽屋型をより効果的に見せるための台詞術、つまり義太夫でいう音づかいをさらに工夫して欲しい。

（「毎日新聞」1988年4月14日付・夕刊）

大学4年間、ウォッチし続けたのだが、結局、團十郎については「未完の大器」という印象のままだった。その評価は、後にも変わらなかった。

初めて見た「怒り」

たしかな進歩を遂げていたという見巧者の指摘もある。

『団十郎とは何者か』（朝日新書・２０１７年）で演劇評論家の赤坂治績は、「難のあった口跡、義太夫節・常盤《ときわ》津節《づぶし》の稽古などで克服していった」と記している。

先の渡辺保も１９９０年９月の歌舞伎座公演評で、

十一代目團十郎二十五年祭。光陰矢の如し。もう二十五年かと思うと感慨一しおである。祭主團十郎、昼夜に四役。なかでは「落人《おちうど》」の勘平が第一。これがこの人のニンである。笠をとった時に先代の勘平でさんざん踊った梅幸のお軽が可愛らしくも見えたのは、梅幸の芸であると同時に團十郎が大きくなった証拠である。

（前掲『歌舞伎劇評』より「大きくなった十二代目團十郎」）

２００４年には、長男が十一代目海老蔵を襲名。

２００７年には初めてのパリ・オペラ座公演を行ったが、この公演の模様を収めたテレビのドキュメンタリー番組で意外な光景を見た。

オペラ座と歌舞伎座とでは、舞台の間尺が異なる。稽古中に海老蔵が、歌舞伎座とは立ち位置を変えたらどうかと、團十郎に具申《ぐしん》した。

それを聞いた團十郎が、怒るのなんの。

テレビカメラが回っているにもかかわらず、血相を変えて「そんなことは許さない」「その立ち位置でやりたいのなら、オレは出ない」という趣旨の怒声をあげた。

怒っている團十郎を見るのは、初めてだった。

「この人は、個人として生きているのではないんだ」。そう痛感した。

悠久の時間に生きていた。十二代続いた團十郎の歴史、もっといえば古代までさかのぼれる日本の伝統芸能史の中で、自分には綿々と受け継がれていった芸を伝える義務があると胸に秘めて生きていた。

常人には想像もつかない感覚の持ち主だった。

「うまい」より「大きな役者」

2013年2月3日。

江戸歌舞伎を代表する名門、市川團十郎家当主で、おおらかな芸風で人気を博した歌舞伎俳優、十二代目市川團十郎（いちかわ・だんじゅうろう、本名・堀越夏雄＝ほりこし・なつお）さんが3日、肺炎のため死去した。66歳。葬儀・告別式の日程などは未定。

團十郎さんは昨年12月、京都・南座での「吉例顔見世興行」出演中、風邪による体調不良で休演。「肺炎の兆候がみられる」との診断を発表して療養に専念し、4月の歌舞伎座開場公演に備えていた。平成16年には急性前骨髄球性白血病が判明し、一時復帰するも17年に再発。20年には妹の市川紅梅さんから骨髄移植を受けるなどして克服し、舞台に立ち続けていた。

（産経ニュース　2013年2月4日配信）

海老蔵夫妻が待望の長男を授かったのは、翌3月の22日。

跡取り孫を抱くことなく、旅立った。

1985年版『歌舞伎俳優名鑑』から劇作家・宇野信夫の評を掲げる。

「文は人なり」といいますが、「芸も人なり」で、團十郎はその性格の通り、素直な正直な芸で、そこらがこの人のねうちです。決してうまい人ではありませんが大まかで、決して嘘をつかない、小細工のない芸で、そこに魅力があります。将来、うまい役者よ

り大きな役者になられる人だと思います。（談）

今さらながら、宇野氏の評にうなずいた。

これまでの考えを改める必要もあるのかと反省した。

團十郎の芸は、観る人の内面を試すのではないか、と。

「毛色の変わった演出」「山あり谷ありの脚本」「なにかネタになるようなエピソード」。そういった願望を欲している観客には、團十郎の芸はストレートに伝わってこなかったのかもしれない。


本章の掉尾に記す。

二代目市川猿翁　パーキンソン病を患い、療養中。79歳
初代尾上辰之助　肝硬変による食道静脈瘤破裂にて死去。享年四十
十八代目中村勘三郎　急性呼吸窮迫症候群のため死去。享年五十七
十二代目市川團十郎　肺炎のため死去。享年六十六
十代目坂東三津五郎　すい臓がんのため死去。享年五十九

九代目中村福助

脳内出血による筋力低下のため、休演中。58歳

第二十四章

鶴屋南北の最高傑作

「四谷怪談」をしのぐ傑作

最終章では、名作とはどんなものか考えてみたい。

巷間、『東海道四谷怪談』は四世鶴屋南北の最高傑作と評される。

だが郡司正勝は『鶴屋南北』（講談社学術文庫・2016年）で、こう記す。

『盟三五大切《かみかけてさんごたいせつ》』
1992年4月・国立劇場

お気の毒ながら、この子にゃア、亭主がござります

小万（9代目中村福助）と
笹野屋三五郎（3代目中村橋之助）

南北といえば「四谷怪談」、「四谷怪談」といえば南北とまでなってしまった有名作であるが、一般に、これを傑作と置き換えてしまうのには異論がある。傑作というなら、この作の後日譚として書かれた「盟三五大切」の方が、より戯曲作品として上であろうとおもう。


『盟三五大切』【かみかけてさんごたいせつ】。滅多に上演される機会はない。

大学1年の冬、1985年2月に新橋演舞場で上演されている。しかし2月は講義のある最終月で、レポートや試験に追いまくられた。

従って『鶴屋南北全集』（三一書房）で読んだきり。

社会人になって5年目の1992年4月。国立劇場で7年ぶりに再演された。

配役は下記の通り。

薩摩源五兵衛・実は不破数右衛門 ＝ 十二代目市川團十郎
船頭笹野屋三五郎・実は徳右衛門倅千太郎 ＝ 七代目尾上菊五郎
芸者妲妃の小万・実は神谷召使お六 ＝ 四代目中村雀右衛門

「五大力」とは

歌舞伎に「五大力《ごだいりき》」というジャンルがある。

並木五瓶の『五大力恋緘』【ごだいりきこいのふうじめ】を嚆矢《こうし》とする。

もともと「五大力」とは、五大力菩薩という仏様のこと。転じて、女性が三味線・簪《かんざし》・煙管《きせる》などに記す誓いや魔よけを指すようになる。

●主人公は、薩摩源五兵衛さん。
●ただいま深川芸者の小万に、いれあげている。
●小万の方もその気があるようで、腕に「五大力」という刺青を施す。
●源五兵衛の「五」にかけていることは言うまでもない。
●折しも、源五兵衛のもとに伯父から百両が届けられ、
●小万の身請け金として差し出すが、実はすべてがはかりごと。
●小万には三五郎という夫がいたのだ。

ここで「五大力」という彫り物を、どう処理しましょうか?

ヒント。

夫の名前は、「三五郎」です。

縦書きです。なんだか文字が重なってますね。

●先頭に「三」の字を書き足します
●「力」の左に、「七」のヘンを加えます

すると。「五大力」↓「三五大切」に早替わり。（パチパチパチパチ）。

もっともこの趣向は、鶴屋南北のオリジナルではない。先行する『五大力恋緘』でのアイデイアである。


超有名義士が、実は殺人鬼！


後発である『盟三五大切』の美点は、練りに練られた人物設定に現れる。

南北の得意とする「実は」が、多用されている。

まず源五兵衛さん。

実は塩冶の藩士で、本名は不破数右衛門《ふわかずえもん》。伯父さんが寄こした百両は、討ち入りの支度金だった。それなのに色香に迷い、身請けに使ってしまった。

次に、三五郎さん。

父が仕えていた塩谷の藩士のために、百両を工面しようと奔走していた。そこで女房のお六を芸者に仕立て、美人局《つつもたせ》のチャンスをうかがっていたのだ。

もうお解りだろう。

三五郎は、不破数右衛門の討ち入り支度金を用立てるために、当の不破数右衛門に届けられた百両をかすめとっていたのだ。面識がないゆえの悲劇&喜劇である。

百両をだまし取られた不破（＝源五兵衛）は、コワいです。

まずは三五郎の一味5人を血祭りに。

続いて、自分を欺いた小万。乳呑み児を抱いている。

不破（＝源五兵衛）は、小万に三五郎の居所を吐かせようとする。

源五　三五郎めが在所《ありか》を吐かせ。しぶとい女め。身を偽はりし三五大切、その入れ黒子はこの腕か。

　　ト腕を貫く。小万苦しみ、

小万　男ゆゑなら死ぬるは覚悟。せめて二人がその水子、そればつかりは、どうぞ助けて、

源五 可愛いか、不便なか。不便に思はば、おのれが手にかけ、
ト小万が手に刀を持ち添へて、
か様に致せ。
ト抱子を貫く。抱子落入る。
小万 エヽ、こなたはなう。何にも知らぬその子まで。いかに憎しと思へばとて、現在
水子をその如く、こなたは鬼ぢや、鬼ぢやぞいやい。
源五 いかにも鬼ぢや。身共を鬼には、おのれら二人が致したぞよ。人外《にんぐわい》めが。
ト切り下げ〳〵する。小万落入る。源五兵衛、首を打落し、小万が帯の端
を切つて、それに首を包む。

（『鶴屋南北全集十二巻』三一書房・1972年）

まずは腕に彫られた「三五大切」という入れ墨をグサリ。次に刃を小万の手に握らせ、自分の赤ん坊（＝水子）をグサリ。仕上げに全身をグサリグサグサ。挙句のはてに生首を切り落とし、帯に包んで懐に入れて立ち去る。

隠れ家に戻った不破は、恨みつらみを述べながら、飲みかけのお茶を生首にぶちまける。最後に、三五郎。すべてを知り、出刃包丁で腹かっさばく。

200年の歳月をへて

死屍累々《ししるいるい》が、残される。

ひとり生き残った不破は、どうする？

実はこの日は討ち入りの当日で、かつての朋輩が不破を訪ねてくる。

「亡き殿様の義憤をはらすため、大工になったり左官に変装したり」

「あるいは商人や日雇い人夫として、この界隈に徘徊していたのは」

「我らが義士の親方である大星殿の指図によって、不破数右衛門どのをお迎えするためだったのです」

「討ち入りの門出をお祝いしましょう」

こう促された不破は、「そだね〜。よっしゃぁ、討ち入りに行こか！」

いいのか？

いいんです。

作劇の妙、血まみれの惨劇、ストーリーや視覚的効果の面白さはいうに及ばず、終幕には圧倒的な虚無感に包まれる。

巷間《こうかん》、艱難辛苦《かんなんしんく》をなめてきた義士と伝えられる不破数右衛門が、芸者の色香に迷い、あるまいことか罪もない乳呑み児まで惨殺している。

歌舞伎というと、勧善懲悪というイメージが強い。だが文政8年（1825年）にあっても、ステレオタイプを排した戯曲が存在していた。

興行成績は、どうだったのか？

評判記『続歌舞妓年代記』を現代語訳すると、「ここ何年なかった面白い作品であったが、客の入りが悪く10月14日にクローズした」（『鶴屋南北全集十二巻』の解説を参照）。大コケだった。

初日が9月25日だから、わずか20日で打ち切りとなってしまった。

明治以降、特に左翼運動が華やかなりし時期、封建制度への疑義という点で注目された。同時に、『ゴドーを待ちながら』で知られる劇作家サミュエル・ベケットにもつらなる不条理劇としても脚光を浴びた。

二世紀近い歳月を経ての再評価である。

『盟三五大切』については、歌舞伎研究者の犬丸治が『天保十一年の忠臣蔵—鶴屋南北「盟三五大切」を読む』（雄山閣・2005年）という労作を著している。成立過程を丹念に追い、歌舞伎研究を志す学生・大学院生には格好の専門書となる。

ついに解明された「力」と「刀」の謎

演劇コラムをぼつぼつと書きはじめていた1998年（平成10年）9月。

十八代目勘三郎の「コクーン歌舞伎」第三弾として、『盟三五大切』が再演された。三五郎（騙す方）と源五兵衛（騙される方）は日替りダブルキャストで、十八代目勘三郎と三代目中村橋之助（現・八代目芝翫）がつとめた。芸者・小万は、九代目中村福助。『上海バイスキング』で知られる旧・自由劇場系の役者が共演しており、笹野高史が三五郎の父親役ほかをつとめた。

幕間。笹野が登場して、客席に不満を吐露する。

「みなさん、ヘンだと思いません？　『三五大』まではいいんです。『切』はおかしいですよね。『刀』に『七』なら『切』ですが、『力』に『七』じゃ、つくりの部分の上が余分でしょ」

むべなるかな。

『鶴屋南北全集』を読んだ折から、気になっていた。

2000年ごろのこと。

さる人物と、仕事で山梨まで自動車で同行することになった。その道すがら、筆者が鶴屋南北を卒論にしたと告げると、

「ねぇ、『盟三五大切』の『切』、あれおかしいよね。でもね、タイトル読んでよ。『神様にか

けて』の『神かけて』だけど、『カミカケテ』『カミ欠けて』『上欠けて』だったら」

ほ、ほ〜。

「五大力」を「三五大切」と書き改める趣向は、先行作品の並木五瓶のオリジナルだ。よくできている。だが「切」がどうしても気になる。

南北も、気になり派だったのではないか。だから書き替え狂言（オリジナルの本歌取り）で、この齟齬《そご》に合理的な理由をつけたかった。

「力」はどうやっても「刀」にならない。

そこで搦《から》め手《て》に解決策を求めた。

「力」の「上《かみ》」が欠けたら「三五大切」になりますよ、と「神懸けて」とダブルミーニングを施した。一番目立つタイトルに。

本説を退ける要因は、まったく考えられなかった。

さすが、である。

くだんの名探偵は、作家の夢枕獏。歌舞伎座にも新作を書き下ろしている歌舞伎通である。

さすが作家の視点だ。

なおかつ、ひねくれたネーミングを考えついた鶴屋南北の異才にも改めて感服した。

こんなトリビアに満ちているから、芝居は面白い。

＊　＊　＊　＊　＊　＊　＊

全二十四章を、書き終えて。

三十有余年の歳月を経て1980年代の歌舞伎興行を眺めてみると、下記の3点において昭和中期と平成期との転換期だったという意を強くした。

●芸へのアプローチ

●観客と役者との距離

●「芸道」から「エンタテインメント」へ

「芸のためなら、女房も泣かす」どころか、「芸のためなら、すべてを投げ打つ」。

初代中村吉右衛門や六代目尾上菊五郎に薫陶を受け、GHQによる上演禁止令を体験した最後の世代が、晩年における「時分の花」を咲かせた時代があった。

この世代においては、芸＝人生。

先代から伝えられた芸を後世に伝える使命感に燃えていた。

それが猿之助、孝玉となると「華やかさを追い求めよう」「見物衆が退屈しちゃうんじゃ、本末転倒」「面白くなけりゃ、客はソッポを向いてしまう」。こんな危機感を抱いた。

菊吉時代には背筋をのばし居住まいを正した観劇作法が、この時期を境に急速にクダけた。

ありがたく拝見させていただいていた歌舞伎が、身近な娯楽に変わりつつあった。

同時に、異次元のカテゴリーにあった歌舞伎役者の立ち位置も、銀幕スターやテレビ俳優と大差なくなった。神聖にして侵すべからざる存在ではなくなった。

大衆化した。

芸道をきわめることより、見物衆を喜ばせることに腐心するようになった。


1987年8月27日。

当時31歳の青年は、ロンドンでミュージカルを観劇した。メモの通りに記す。

ファントム・オブ・ディ・オペラ
phantom of the opera を
観た今宵は、
なにか見ている間、
絶えず嫉妬をし、

自分がこれから先の10年
なんとしてでも
乗り越えなければならない
つまり
芝居が、個人の才能という光に
はじまっていながら
その光が、うけいれられる
Basisを日本に深く根づかせなくては
ならないことを痛感。

その日、『オペラ座の怪人』を観劇した青年は、野田秀樹。
日本演劇を改革する先兵として、ある存在が必要と野田は説く。

僕は、たとえば芝居における
ひとつの突然変異であった。
大地真央にしてもそうだろうし、

きっと謝珠栄にしてもそうだったのだろう
しかし、そのままでいつづけることはない
突然変異は、大量にでて、そのbasic
なものが、あってこそ、ひとつの世代をつくり
世界をつくる。だから日本では突然変異は点で終って
世界へ向かうことがない
突然変異は、いつでるかわからない
だから常にbasis だけは用意されていてこそ
つまりaudience も theater も criticism
次の突然変異の為に用意されてなくてはいけない
（『定本・野田秀樹と夢の遊眠社 1976〜1992』河出書房新社・1993年）

1970年代から80年代半ばにかけて、歌舞伎座には突然変異が大量に出現した。
才気溢れる知性派は、復活狂言とケレンで観客を魅了した。
上方歌舞伎の二枚目は、タメないスべらないクサくない現代性でウケにウケた。
規格外の女形は、妖艶な美貌と天才的な芝居勘で筆頭格に躍り出た。

早朝の稽古芝居に励む若手は「いつか天下をとってやる」と、ギラギラ輝いていた。

皆が、華やかな道を歩んできたわけではなかった。

市川宗家の弟子筋。

上方の三男坊。

門閥外の一般家庭出身。

役どころに恵まれない二十代。

人知れぬ苦労を経て、躍進をとげた。

先の野田の言を援用すれば、「突然変異が大量に出て、過度に伝統とか伝承にこだわらず面白い芝居を愉しもうというベーシックが形成され、その気運が歌舞伎界全体に広がった」と言えるだろうか。

「歌舞伎座の快人」とも称すべき才能が、見事に開花した時代だった。

おわりに

寡聞にして、誰も記録にとどめていない。なので記す。

1995年に『男はつらいよ』シリーズは終了し、邦画離れには歯止めがかからず。

1998年に奥山融社長・和由専務取締役の親子が解任され、弁護士の迫本淳一が45歳の若さで副社長に就任する。松竹の「中興の祖」である城戸四郎の孫にあたる。

2000年には由緒ある神奈川県の大船撮影所が売却された。

大学卒業時の1988年3月には3749円だった松竹の株価は、1996年12月30日の大納会には997円と千円を割りこみ、1998年の大納会には455円と低迷していた。

そんな折である。

「松竹が、歌舞伎を手放そうと検討している」という噂を耳にした。

信頼できる消息筋にあたると、

「歌舞伎が業績を悪化させているわけではないが、増収増益が見込めない中にあって、負担は大きい。そこで、国の支援を受けて運営してもらう案が浮上している」

どこまで具体的に話が進められていたかは不明だが、こんな噂が流布されていたことは紛れもない事実だ。さすがにウラがとり切れなかったが、当時、演劇コラムを連載していた放送業界専門誌『GALAC』1999年3月号で、「迷える歌舞伎に『救世主』現る?」というコラムを寄稿した。

團十郎を筆頭に、猿之助・孝夫・玉三郎・勘三郎については、優れた先達による評伝・俳優論・劇評がいくつも残されている。本書の刊行にあたって望外の幸せとなったのは、次に掲げる役者が輝いていた時代の記録を残せたことだ。

すべてにおいて完璧な歌舞伎役者だった中村富十郎。

人柄も芸も限りなく柔らかかった澤村宗十郎。

平成の歌舞伎役者の輪に入ったら、絶対に浮くだろうギラギラした尾上辰之助。

襲名時に刊行された写真集『平成の福助』を今でも折にふれて手に取る中村福助。

4人についてまとまって記した論評は、寡聞にして目にしたことはない。当時の奮闘ぶりを十全に記すことができたかどうか、はなはだ心もとないが、唯一無比のポジションにあった4人を振り返ることができた。記録には残らないが、記憶には深く残る役者だった。

「三階　東ろ20番」。

この数字&文字列をみると、ノスタルジーがこみあげてくる。

マイ特等席だった。

旧・歌舞伎座では、3階席のうち、花道と並行方向に走る客席が20席×2列あった。舞台を見るのには、身体を45度〜90度傾けないといけないが、東側は花道が丸見え。おまけに舞台もよく見える。

1列目の「い」は、三階A席で3000円。2列目の「ろ」は、三階B席で1500円。たった1列でこの価格差。おまけに「い」と「ろ」とは段差が高く、他の三階席とは違って前の観客の後頭部が気にならない。後ろは壁だから、気兼ねせずに身体を動かせる。

花道が見える、舞台もフル見える、前も後ろも気にならない。三拍子そろった「三階 東ろ20番」を求め、前売り発売直後を観劇日に定めてせっせと筑波から東銀座に通い詰めた。

腹ごしらえは、晴海通りをはさんで歌舞伎座の真向かいにある弁松の赤飯弁当。入場料1500円+弁当代1000円+交通費2500円=5千円で、まる1日がつぶせた。

幕間には、さまざまに思いを至らせた。

歌舞伎って他の芝居に比べてなにが特徴なんだろう?

いつかは消滅するのか?

面白い台本ってどんなんだ?

うまい役者とヘタな役者の差は?

その頃の思索は、一銭にもなっていない。なっていないからこそ、現在でも筆者の思考の根幹をなしている。

現在、「三階 東ろ20番」での観劇はあたわなくなった。新装なった歌舞伎座では、花道に並行する座席は1列きりになってしまったからだ。次回の改装で2列に増席されない限り、永遠に復活されない。

座り心地は、今でも身体にしみついている。座面のクッションはびろびろで、お尻が痛む。横幅もとっても狭い。隣に恰幅のいいオジさんに座られた日にゃ、ひじ掛けの下から下っ腹のぜい肉がせり出してくる。4時間も座っていると、腰を伸ばすにもひと苦労。

あの座り心地の悪さが、たまらなく懐かしい。

サブタイトルに挙げた花形役者が開花し、鶴屋南北の通し狂言がバンバン上演されている1980年代でなかったら。これほどまでに歌舞伎に夢中になっただろうか。

そんな空間&時間を持てたことを、「演劇の神様」に深く感謝する。

昭和末期歌舞伎&トピックスの「恣意的」年表 1984〜1988

		歌舞伎座公演（一部）	主な出演者	国内外のトピックス
昭和59年（1984年）	1月	妹背山婦女庭訓	芝翫	サッカー選手の長谷部誠、生誕
	2月	藤娘	菊五郎	植村直己がマッキンリー登頂後に行方不明
	3月	棒しばり	勘九郎・八十助	映画『風の谷のナウシカ』公開
	4月	平家女護島	幸四郎	東京芝浦電気が「東芝」に社名変更
	5月	お祭り	辰之助	NHKが衛星放送を開始
	6月	京鹿子娘道成寺	玉三郎	第二電電（現・KDDI）設立
	7月	極付獨道中五十三驛	市川猿之助	ロサンゼルス五輪が開幕
	8月	浪花節だよ人生は	水前寺清子	花王石鹸が「ビオレU」を発売
	9月	伊勢音頭恋寝刃	海老蔵	森永製菓に、かい人21面相から脅迫状
	10月	玉藻前雲居晴衣 菊宴月白浪	菊五郎 猿之助	シュワルツェネッガー『ターミネーター』全米公開 日本シリーズ　広島カープが阪急に4勝3敗
	11月	黒塚	猿之助	マドンナ「ライク・ア・ヴァージン」リリース
	12月	鬼龍院花子の生涯	水谷良重	紅白歌合戦で、生方アナが「ミソラ」発言
昭和60年（1985年）	1月	鼠小僧次郎吉	幸四郎	第55代横綱　北の湖が引退
	2月	宮本武蔵	幸四郎	田中角栄が脳梗塞で倒れ、入院
	3月	桜姫東文章	孝夫・玉三郎	つくば万博が開幕
	4月	勧進帳	團十郎	阪神vs巨人戦で、バース・掛布・岡田の3連発
	5月	外郎売	新之助	男女雇用機会均等法が成立
	6月	鳴神	團十郎	豊田商事会長刺殺事件
	7月	加賀見山再岩藤	猿之助	映画『バック・トゥ・ザ・フューチャー』全米公開
	8月	サマー・エキスプレス	SKD（松竹歌劇団）	中曽根首相が、靖国神社を公式参拝
	9月	お祭り	勘三郎	ニューヨークのG5で、プラザ合意
	10月	伽羅先代萩	菊五郎	テレビ朝日『ニュースステーション』放送開始
	11月	西郷と豚姫	松緑	荻野目洋子「ダンシング・ヒーロー」リリース
	12月	天衣紛上野初花	吉右衛門	羽生善治が、史上3人目の中学生プロ棋士に

昭和61年(1986年)	1月	寺子屋	梅幸	スペースシャトル「チャレンジャー」爆発事故
	2月	仮名手本忠臣蔵	孝夫	国生さゆり「バレンタイン・キッス」リリース
	3月	藤娘	雀右衛門	サントリーが麦芽100%ビール「モルツ」を発売
	4月	恋飛脚大和往来	扇雀	男女雇用機会均等法が施行
	5月	新皿屋舗月雨暈	松緑	チャールズ皇太子とダイアナ妃が来日
	6月	棒しばり	勘九郎・八十助	サッカーW杯メキシコ大会で、アルゼンチンが優勝
	7月	慙紅葉汗顔見勢	猿之助	富士写真フイルムが「写ルンです」発売
	8月	ご存知 旗本退屈男	市川右太衛門	ジブリ『天空の城ラピュタ』公開
	9月	籠釣瓶花街酔醒	歌右衛門	土井たか子が日本社会党の委員長に
	10月	女殺油地獄	孝夫・菊五郎	NTT株が、1株119万7000円で売出し
	11月	二人椀久	富十郎・雀右衛門	三井物産マニラ支店長誘拐事件
	12月	京鹿子娘道成寺	玉三郎	たけし軍団が『フライデー』編集部を襲撃
昭和62年(1987年)	1月	門出二人桃太郎	勘九郎一家	大河ドラマ『独眼竜正宗』放送開始
	2月	心中天網島	扇雀・富十郎	「アサヒスーパードライ」が発売
	3月	人情噺文七元結	勘三郎・八十助	日立が全自動洗濯機「静御前」を発売
	4月	元禄忠臣蔵	吉右衛門	NTT株が、最高値の318万円を記録
	5月	藤娘	梅幸	俵万智『サラダ記念日』刊行
	6月	鷺娘	玉三郎	日経平均株価が、2万5000円台に
	7月	當世流小栗判官	猿之助	石原裕次郎、死去
	8月	雪月華	SKD(松竹歌劇団)	「禁断のテレパシー」で工藤静香がソロデビュー
	9月	傾城反魂香	三津五郎(先代)	マイケル・ジャクソン 後楽園球場コンサート
	10月	勧進帳	富十郎	利根川進教授が、ノーベル生理学・医学賞受賞
	11月	郭文章	勘三郎・梅幸	竹下登内閣、発足
	12月	二十四時忠臣蔵	猿之助	横綱・双羽黒が立浪親方と衝突し、廃業
昭和63年(1988年)	1月	勧進帳	幸四郎・吉右衛門	六本木のディスコ「トゥーリア」で照明落下事故
	2月	菅原伝授手習鑑	幸四郎・吉右衛門	グレン・クローズ主演『危険な情事』封切り
	3月	仮名手本忠臣蔵	團十郎	東京ドーム完成
	4月	仮名手本忠臣蔵	菊五郎	劇団四季が『オペラ座の怪人』を日本初演
	5月	妹背山婦女庭訓	歌右衛門	朝日新聞社が週刊誌『AERA』を創刊
	6月	お祭り	勘九郎	「24時間戦えますか」の『リゲイン』発売
	7月	義経千本桜	猿之助	NHKの近江友里恵アナ、生誕
	8月	夏のおどり	SKD(松竹歌劇団)	夏の甲子園で、広島商が6度目の優勝
	9月	籠釣瓶花街酔醒	歌右衛門	日産自動車が新車「セフィーロ」を発売
	10月	加賀見山再岩藤	猿之助	日本テレビ『それいけ!アンパンマン』放送開始
	11月	京鹿子娘二人道成寺	歌右衛門・芝翫	卓球の福原愛、野球の田中将大、生誕
	12月	於染久松色読販	玉三郎	宮澤喜一蔵相が、リクルート疑惑で辞任

●主要参考文献・資料一覧

『名作歌舞伎全集』(東京創元社・1968年〜)
『鶴屋南北全集』(三一書房・1971年〜)
『近世文学研究事典』(桜楓社・1986年)
『歌舞伎座百年史』(松竹・1995年)
『日本演劇史年表』(八木書店・1998年)
『歌舞伎登場人物事典』(白水社・2006年)

『歌舞伎俳優名鑑 改訂増補特装版』(松竹演劇部・1973年)
『歌舞伎俳優名鑑』(演劇出版社・1985年)
『かぶき手帖2017年版』(公益社団法人 日本俳優協会ほか・2017年)

シェイクスピア/福田恆存・訳『リア王』(新潮文庫・1967年)
市川猿之助『猿之助の歌舞伎講座』(新潮社・1984年)
水落潔『平成歌舞伎俳優論』(演劇出版社・1992年)
渡辺保『歌舞伎劇評』(朝日新聞社・1994年)
中村鴈治郎・著/水落潔・編『鴈治郎 芸談』(向陽書房・2000年)
小宮豊隆『中村吉右衛門論』(岩波現代文庫・2000年)
犬丸治『天保十一年の忠臣蔵——鶴屋南北『盟三五大切』を読む』(雄山閣・2005年)

中川右介『坂東玉三郎――歌舞伎座立女形への道』(幻冬舎新書・2010年)
光森忠勝『市川猿之助 傾き一代』(新潮社・2010年)
小谷野敦『猿之助三代』(幻冬舎新書・2011年)
渡辺保『忠臣蔵――もう一つの歴史感覚』(講談社学術文庫・2013年)
小玉祥子『二代目――聞き書き 中村吉右衛門』(朝日文庫・2016年)
長谷部浩『天才と名人――中村勘三郎と坂東三津五郎』(文春新書・2016年)
中野三敏『師恩――忘れ得ぬ江戸文芸研究者』(岩波書店・2016年)
郡司正勝『鶴屋南北』(講談社学術文庫・2016年)
赤坂治績『団十郎とは何者か――歌舞伎トップブランドのひみつ』(朝日新書・2017年)
DVD『歌舞伎名作撰 スーパー歌舞伎 ヤマトタケル』(松竹・NHKエンタープライズ・2004年)
CD『特選!! 米朝落語全集 第四十集 蔵丁稚/いもりの黒焼』(東芝EMI・1993年)

その他、当時の新聞・雑誌・筋書きなどを参照いたしました。

松島奈巳
まつしま・なみ
演劇記者
1965年静岡県生まれ。筑波大学日本文学科卒業（歌舞伎専攻）。総合週刊誌の演劇・映画担当記者を経て、放送専門誌『GALAC』（放送批評懇談会）や演劇情報誌『シアターガイド』他で、演劇コラムやインタビュー記事を執筆。著書に、『宝塚歌劇 柚希礼音論』（東京堂出版・2016年）。2007年から、筑波大学非常勤講師（「ジャーナリズムとメディアの現在」）。

イラスト ◎ 歌舞伎絵師 橋本紀子
デザイン ◎ 大久保裕文＋村上知子（Better Days）
校閲 ◎ 吉川国広

歌舞伎座の快人

1984年の團十郎、猿之助、仁左衛門、玉三郎、勘三郎

2018年5月6日　初版発行

著者　◉松島奈巳
発行人　◉納屋嘉人
発行所　◉株式会社 淡交社
【本社】〒603-8588　京都市北区堀川通鞍馬口上ル
営業（075）432-5151
編集（075）432-5161
【支社】〒162-0061　東京都新宿区市谷柳町39-1
営業（03）5269-7941
編集（03）5269-1691
www.tankosha.co.jp

印刷・製本◉三晃印刷株式会社

ISBN 978-4-473-04249-1